안녕필로:
너를 너로 만들어
주는 생각들 *

*일러두기 : 본문의 각주는 모두 옮긴이의 것입니다.

안녕 필로 : 너를 너로 만들어 주는 생각들

지은이 | 타하르 벤 젤룬
그린이 | 위베르 푸아로부르댕
옮긴이 | 이세진
초판 1쇄 발행 | 2022년 7월 15일
　　　2쇄 발행 | 2022년 11월 18일
펴낸이 | 최윤정
만든이 | 유수진 전다은
펴낸곳 | 바람북스
디자인 | 이아진
등록 | 2003년 7월 11일 (제312-2003-38호)
주소 | 서울특별시 종로구 필운대로 116 (신교동) 신우빌딩 501호
전화 | (02) 3142-0495　팩스 | (02) 3142-0494
이메일 | barambooks@daum.net
제조국 | 한국
구독연령 | 12세 이상

www.barambooks.net

ISBN 979-11-973817-2-0 43100

La philo expliquée aux enfants
By Tahar Ben Jelloun (Author), Hubert Poirot–Bourdain (Illustrator)
Copyright ⓒ Gallimard Jeunesse 2020
All rihgts reserved. Korean Translation Copyright ⓒ Baram books 2022
Korean translation edition is published by arrangement with Gallimard Jeunesse

안녕 피로:

너를 너로 만들어 주는 생각들

타하르 벤 젤룬 글
위베르 푸아로부르댕 그림
이세진 옮김

 BARAM
BOOKS

차례

이 책을 쓴 타하르 벤 젤룬은 모로코 출신으로 프랑스에서 활동하는 저술가입니다. 그의 다른 책 『딸에게 설명한 인종(차별)주의(Le Racisme Explique a Ma Fille)』(2009)는 제가 3년 전에 한국어로 번역해 출판했는데 이번에 추천사로 다시 만나게 되어 개인적으로 반가웠습니다.

이 책의 본문은 "철학이 뭔가요?"라는 물음으로 시작됩니다. 그리고 "생각하기-의심하기-회의-교육"의 순서로 우리가 일상생활에서 많이 사용하는 100여 개의 개념들이 꼬리를 물고 이어집니다. 이 순서는 무작위로 정한 게 결코 아닙니다. 모든 철학의 시작이 '생각하기'에 있으므로 '철학이 뭔가요?' 다음에 '생각하기'가 이어지고, '생각하기'는 "나는 생각한다. 그러므로 나는 존재한다."의 데카르트 명제를 거쳐 '의심하기'와 '회의'로 이어진 것입니다. 그리고 인간을 인간답게 형성하는 '교육'이 그 뒤를 잇습니다.

개념은 아무리 쉽고 정확하게 설명해도, 이해하기가 쉽지 않습니다. 개념을 잘 이해하지 못하면 '철학하기=지혜 사랑하기'를 이어가기 어렵습니다. 이 점을 고려하여 저자는 하나의 개념과 그것에 이어지는 개념 사이에 연관성을 주어 독자가 흥미를 잃지 않고 생각하기를 이어갈 수 있도록 노력했습니다. 저자의 노력은 예컨대 도덕과 윤리는 어떤 차이가 있는지, 이성·지성·지능은 또 어떻게 다른지를 설명하는 부분에서도 돋보였습니다. 곳곳에 일러스트를 배치한 것이나 이야기 사례와 예문을 많이 활용한 것도 독자들로 하여금 싫증과 어려움을 멀리하고 이해를 쉽게 하기 위한 것입니다. 프랑스의 사례가 나온다는 점이 우리로선 아쉬운 점일 수 있겠지만 그런 사례가 나올 때 한국의 경우는 어떤지 알아보려고 애쓴다면, 그러한 단점은 우리에게 국제적 균형감각을 가질 수 있게 해주는 장점이 될 수 있습니다. 이 책이 프랑스의 유수한 출판사(갈리마르)에서 출판될 수 있었던 이유에는 저자가 제3세계에 속하는 모로코 출신 지식인이라는 점도 작용했을 수 있다는 게 제 생각입니다.

그런데 이 책의 이러한 장점들보다 제게 가장 중요하게 다가온 것은 각 개념을 설명한 뒤에 붙인 '스스로 판단하기' 부분입니다. 제가 이 점을 특히 강조하는 것은 우리가 생각하도록 이끌기 때문입니다. 몇 개의 예를 들어 보겠습니다.

- 여러분은 자기도 모르게 인종주의자가 될 수 있다고 생각하나요?
- 여러분은 총기 자유화에 대하여 어떻게 생각하나요?
- 철학자 알랭은 '생각한다'는 것은 '아니'라고 말하는 것이라고 했습니다. 여러분도 그렇게 생각하나요?
- 어떤 과학자들은 앞으로 수십 년 후에 인간을 뛰어넘는 지능을 갖춘 컴퓨터 프로그램들이 나올 거라고 합니다. 그렇게 되면 인간이 위기에 몰릴 수도 있다고 생각하나요?

모두 끝에 "생각하나요?"라고 묻고 있습니다. 독자에게 생각하도록 이끄는 것입니다. 당연합니다. 거듭 말하지만, 모든 철학은 생각하기로 시작되고 생각하기로 이어지기 때문입니다. 위의 "생각하나요?" 질문들에 우리는 어떻게 답할 수 있나요?

각 물음에 대해 우리 각자가 생각하는 바를 표현하려면 말을 하든가, 글로 쓰든가 둘 중 하나로 해야 합니다. 말하기(토론)나 글쓰기 말고는 우리가 생각하는 바를 표현할 방법이 없습니다. 그런데 우리는 학교와 교실에서 이 둘을 거의 하지 않습니다. 이 둘이 없다는 것은 "코기토(Cogito 나는 생각한다)"가 없다는 뜻입니다. "나는 생각한다"가 없는 교육은 "생각한다"도 없고 "나"도 없는 교육입니다. 저는 이런 교육을 교육이라고 말할 수 있는지조차 의심스럽습니다. 철학은커녕 말입니다. 그래서입니다, 제가 이 책이 각 학교와 학급에서 널리 읽히고 각 개념 설명 뒤에 붙인 '스스로 판단하기'가 학생들의 토론과 글쓰기의 주제가 되기를 간절한 마음으로 바라는 것은. '독서는 사람을 풍요롭게 하고, 글쓰기는 사람을 정교하게 한다.'고 했습니다. 이 책은 읽는 것에서 멈추지 않고 글쓰기와 토론을 하도록 이끕니다.

한편 '생각한다'는 것은 무엇일까요? 사전적 풀이는 '사물을 헤아리고 판단하거나 앞으로 일어날 일에 대하여 상상해 보거나 어떤 일에 대한 의견이나 느낌을 가지는 것'입니다. 데카르트에 의하면, "생각한다는 것은 회의하는(의문을 품는) 것이며, 인정하거나 인지하고, 확인하거나 부정하며, 바라거나 바라지 않고, 또한 상상하며 느끼는 것"(「형이상학적 명상2 (les méditations métaphysiques ii」)입니다.

데카르트가 "생각한다는 것"의 설명에서 "의문을 품거나"를 가장 먼저 쓴 점에 주목할 필요가 있습니다. 실제로 생각해 본 사람은 압니다. 생각하면 할수록 의문이 꼬리를 물고 이어진다는 것을. 또 하나의 주제에 대해 생각하기를 할 때 어제와 오늘 달리 생각하는 경험을 가질 수 있습니다. 지금 어떤 생각을 갖고 있어도 내일 바뀔 수 있다는 경험을 갖는 것입니다. 또 나는 '이렇게' 생각하는데 내 짝꿍은 '저렇게' 생각하는 것에 대한 경험도 갖게 됩니다. 이런 경험의 축적은 대단히 중요합니다.

확신의 함정에서 벗어날 수 있게 해주기 때문입니다. 그러나 우리는 객관적 사실을 암기하면서 주입할 뿐 생각하지 않습니다. 어제 생각한 것과 오늘 생각한 것이 서로 다른 경험을 갖지 못하고, 나는 '이렇게' 생각하는데 내 짝꿍이 '저렇게' 생각하는 경험도 갖지 못합니다. 우리는 확신의 함정에 빠져 회의할 줄 모르는 위험에 처하게 됩니다. 우리가 지혜를 사랑한다면 이 점에 대한 성찰이 필수적인데, 이 책은 우리를 '회의하는 자아'로 안내해 줄 것입니다. 철학이란 본디 그런 학문이기 때문입니다.

프랑스인들에게 철학은 '지혜 사랑'다운 대접을 받습니다. 매년 6월에 시행되는 대학입학자격시험(바칼로레아)에서 철학은 필수과목으로, 시험 첫날 오전에 치릅니다. 2020년에는 코로나19 바이러스 사태로 바칼로레아 시험이 취소됐고 고등학교 평소 성적으로 합격/불합격을 가름했는데, 팬데믹이 2021년까지 이어지자 다른 과목 시험은 전년도처럼 취소했지만 철학 시험은 치렀습니다. 철학에 대한 그들의 생각을 알 수 있듯, 수험생들에게 준 논제는 다음과 같습니다. 네 개 논제 중 하나를 골라서 4시간 동안 글을 쓰는 것입니다.

제1주제 : 논쟁은 폭력을 포기하게 하는가?

제2주제 : 무의식은 모든 형태의 앎에서 벗어나는가?

제3주제 : 우리는 미래에 책임이 있는가?

제4주제 : 에밀 뒤르켐의 『사회적 노동의 분할』(1893) 중에서 '윤리'에 관한 지문 읽고 설명하기.

수험생들은 보통 7~8 페이지를 씁니다. 공부 시간이 최장이라는 점을 비롯해 공부를 열심히 하기로는 한국 학생들이 세계에서 으뜸을 다툽니다. 그러나 인문적 소양에서는 자유분방하게 학창 생활을 보내는 그들에 비해 훨씬 뒤떨어집니다. 이를 어떻게 설명해야 할까요? 2500년 전에 답을 주신 분이 계셨습니다.

학이불사즉망(學而不思則罔)

사이불학즉태(思而不學則殆)

"배우기만 하고 생각하지 않으면 얻는 게 없고,

생각하기만 하고 배우지 않으면 위태롭다."

"배우기만 하고 생각하지 않으면 얻는 게 없다! '배움'과 '생각하기'는 어우러져야 한다." 논어(論語)의 공자님 말씀은 '배우기만 하고 생각하기가 없는' 우리 교육에 일침을 가합니다. 기성세대는 곧잘 우리 학생들에게 자기 생각이 없다고 말합니다. 그러나 진실은 우리 교육이 학생들에게 자기 생각을 갖도록 이끌지 않는다는 것입니다. 철학의 출발인 '생각하기'가 없는 교육의 당연한 귀결입니다.

한국이 선진국 대열에 들어섰다고 합니다. 학교에서는 학생들에게 글로벌 리더가 되라고 말하기도 합니다. 저는 글로벌 리더 이전에 생각하는 사람부터 되어야 한다고 말하고 싶습니다. 그러기 위해, 나아가 세계시민의 일원으로서 갖춰야 할 덕목과 식견을 갖기 위해서도 이 책은 좋은 길잡이가 될 것입니다.

-홍세화, '소박한 자유인' 대표, 장발장은행장, 『나는 빠리의 택시운전사』 저자

내가 이 책을 준비하던 2020년,
세계는 코로나바이러스 팬데믹을 겪었습니다.

눈에 보이지도 않는 미세한 바이러스가 지구 전체를 봉쇄했습니다. 모든 것이 멈춰버렸지요. 사람들은 몇 주간 아무 데도 못 나가고 집에서만 지내야 했습니다. 열차와 비행기도 멈춰버렸습니다. 도로를 달리는 자동차들도 확 줄었습니다. 극장과 영화관은 문을 닫았습니다. 식당과 카페도 사정은 마찬가지였지요. 상점들도 대부분 영업을 중단해야 했습니다. 그러한 사정은 세계 어느 나라나 비슷했지요.

여러분도 한동안 집에서만 지냈을 겁니다. 그리고 이런저런 의문들이 생겼을 테지요. 여러분은 이 예상 밖의 심각하고 곤란한 상황이 어떻게 해서 발생했는지 설명을 들을 권리가 있습니다.

인간은 자기가 뭐든지 해도 되는 줄 알았습니다. 그래서 숲을 밀어버렸고, 강물을 더럽혔고, 바다에 플라스틱 쓰레기를 무수히 버렸고, 유독한 성분을 대기에 방출했고, 희귀한 동물들을 서식지에서 내쫓았으며, 지금도 꼭 필요하지 않은 상품을 소비하기 위해 천연자원을 고갈시키고 있습니다.

지구를 병들게 함으로써 우리 자신도 병들었습니다. 감염병이 대개 그렇듯 코로나도 시초는 동물에게서 인간으로 넘어온 바이러스입니다. 이러한 사례는 점점 늘고 있습니다. 집약식 농업, 그리고 도시 인구의 지나친 집중화 때문에 접촉이 늘어날 수밖에 없으니까요. 야생동물이 살던 곳은 파괴하고, 거대한 공장식 건물에 닭이나 소를 수천 마리씩 밀어 넣고 키웁니다.

우리는 환경에 영향을 미치고 환경은 우리에게 영향을 미칩니다. 모든 것은 연결되어 있기 때문에 처음에는 아주 작은 변화였을지라도 나중에는 크게 불어나 있을 수 있습니다. 파리가 가는 선 하나를 건드렸을 뿐인데 거미줄 전체가 흔들리는 것처럼 말입니다.

코로나바이러스라는 이 미생물이 사람의 폐에 침투하면 심각한 경우에는 숨을 못 쉬어 죽기도 합니다. 하지만 이 바이러스도 우리가 사는 세상의 일부입니다. 바이러스는 항상 있었지만 인간이 위생을 소홀히 하고 질병으로 이어지는 문을 방치하면 무시무시한 속도로 퍼지게 됩니다.

2020년 1월에 중국 우한에서 바로 이러한 일이 일어났지요. 그곳에서 수많은 사람이 코로나바이러스에 감염되었습니다.

그런데 문제는 바이러스가 사람과 함께 이동한다는 것입니다. 수많은 여행자가 세계를 오가면서 경우에 따라 치명적일 수도 있는 이 바이러스를 다른 사람들에게 옮겼습니다.

이제 전염병은 전 세계에 유행하게 되었지요. 이것을 '팬데믹'이라고 합니다.

코로나바이러스에 대해 얘기하는 이유는 세상이 예전으로 돌아가지 못할 거라고 생각하는 사람들이 많기 때문입니다.

이 바이러스는 주로 노인들에게 심각한 문제를 일으킵니다. 다행히도 아이들에게는 그리 치명적이지 않았습니다.

여러분도 학교에 못 가고 집에서 지내면서 생각할 시간이 많았을 겁니다. 삶이 얼마나 귀한지, 할아버지나 할머니가 어떻게 갑자기 삶을 빼앗길 수도 있는지 알았을 겁니다. 삶에는 아름다움과 빛이 가득하다는 것도 알았을 겁니다. 삶은 아름답습니다. 삶을 아름답게 지켜나가는 법을 배워야 합니다. 어떻게 하느냐고요? 여러분 자신을 믿는 것부터 시작해야 합니다.

여러분은 똑똑합니다. 여러분은 느낄 수 있습니다. 그래서 여러분 자신과 부모님,

그리고 여러분이 사는 세상을 돌볼 수 있습니다.

이것은 존중의 문제입니다. 여러분 자신을, 그리고 자연을 존중하세요. 잊지 마세요. 환경을 돌보는 것은 우리가 살기 위해 하지 않을 수 없는 일입니다.

나는 여러분이 읽는 것에 대해서 여러분 자신의 판단이 중요하다고 봅니다. 그리고 이 책 역시 예외가 아닙니다. 여러분이 내 말을 다 믿을 필요는 없습니다. 단지 나의 제안을 봐주면 됩니다. 그 제안에 동의하고 말고는 여러분이 결정하는 겁니다. 혼자 잘 생각해 보세요. 남의 말에 넘어가지 마세요. 남의 말에 넘어가지 말라는 말을 달리 표현하자면 이런 뜻입니다. 속지 마세요. 무엇이 진실인지 알려고 노력하세요.

여러분도 '가짜뉴스'라는 말을 들어본 적이 있을 거예요. 거짓 정보는 거의 모든 곳에 침투해 있습니다. 나는 여러분이 정보를 좀 더 잘 분별하고 스스로 판단하는 데에 이 책이 도움이 되었으면 합니다. 그런 것이 바로 '비판 정신'이지요.

이 책에는 환경이라는 주제가 마치 노래의 후렴구처럼 반복적으로 등장할 겁니다. 나에게 소원이 하나 있다면 여러분이 삶이라는 모험 속에서 이 후렴을 노래하는 것입니다. 여러분의 기지를, 창의력을 발휘하세요. 여러분의 유머, 상상력, 힘, 너그러움을 한껏 사용하세요. 여러분 의지와 지능으로 삶과 지구에 존재하는 아름다움을 보존할 수 있습니다. 어둠이 빛을 이기지 않는 삶을 살 수 있습니다.

우리는 좀 더 현명해짐으로써, 다시 말해 철학을 함으로써 이 싸움에서 승리할 수 있습니다.

철학은 '지혜를 사랑하는 것'이고 그로써 세상도 바꿀 수 있기 때문입니다.

2020년 5월 2일

타하르 벤 젤룬

들어가는 글

옛날에 웬만큼 나이가 든 모하라는 사내가 있었습니다. 모하는 평생 사람들이 사는 모습을 관찰했습니다. 사람들은 모하가 바보라고도 했고 현자라고도 했습니다.

모하는 아주 독특한 사람이었거든요. 그는 자기 생각을 완전히 숨김없이 말하는 사람이었습니다. 모하는 자유로웠습니다. 다시 말해, 잃을 것도 없었고 아무에게도 기대지 않고 살았습니다. 그는 도시에 가서 사람들이 어떻게 살고 어떻게 행동했는지 바라보았습니다. 그러다가 진실, 정의, 존엄성에 어긋나는 상황을 보면 참지 않고 그 자리에서 바로 지적을 했지요.

모하는 집도 없고 가족도 없고 재산도 없었습니다. 밤이면 백 년 고목의 둥치 속에서 잠을 잤습니다. 그는 가난했고, 그랬기 때문에 처벌을 겁내지 않고 무슨 말이든 할 수 있었습니다.

그에게 자유는 본질적인 것이었습니다. 자유는 그의 생명이었으며, 너그러운 이들이 가져다주는 음식으로 연명하는 가난 속에서도 그가 살아갈 이유였습니다.

자유는 우리 모두에게 필요합니다. 모하는 여기서 자유를 대표합니다. 우리는 물질적 이해관계, 계산, 이기주의로 더럽혀지지 않은 자유로운 말에 최대한 다가가야 합니다.

모하는 일종의 증인입니다. 그는 세상을 관찰하고 자기 이성을 좇아 사람들이 살아가는 방식에 대해 자기 생각을 말합니다.

모하는 삶의 문제들을 소박하게 논했던 철학자 소크라테스의 시대를 살 수도 있었을 겁니다. 소크라테스는 기원전 399년경에 아테네에서 살았지요. 그는 현자였고, 삶과 삶의 방식을 공정하고도 확실하게 판단하는 인물이었습니다. 그는 '젊은이들을 미혹한 죄'와 선조들의 신성한 우상들을 의심한 죄로 아테네 법정에서 사형선고를 받았습니다. 소크라테스는 71세에 독당근액을 마시고 죽습니다.

모하는 현대의 소크라테스입니다. 모하도 현자입니다. 단지 껄끄러운 진실을 말했기 때문에 바보 소리를 들었던 것이지요.

우리는 모하의 방법을 따라가면서 어떤 단어들의 의미를 설명해보려고 합니다. 우리가 개념이라고 부르는 것, 다시 말해 생각과 관념의 표상을 가리키는 단어들 말입니다. 예를 들어, 지혜도 하나의 개념입니다. 도덕도 개념입니다.

소박하게, 그러면서도 상세하게, 우리가 일상생활에서 흔히 사용하는 100여 개의 개념을 분석해보겠습니다.

→ 철학이 뭔가요?

철학은 지혜에 대한 사랑입니다.

철학(philosophie)에는 두 단어가 들어 있습니다. '필로스(philos)'는 그리스어로 '사랑하다'입니다. '소피아(sophia)'는 '지혜'를 뜻합니다. 지혜(sagesse)란 무엇일까요?

프랑스어에서는 현명한 아이에게 'sage'라는 형용사를 씁니다. 이는 아이가 얌전하다, 어른들 말씀을 잘 듣는다, 해야 할 일을 착실하게 하고 딴짓은 하지 않는다,

라는 뜻이지요.

여기서 말하는 'sage'는 소란스럽고 제멋대로 구는 것의 반대, 바보처럼 구는 것의 반대입니다. 바보는 제정신이 아닌 사람, 이성을 잃어버린 사람을 가리킵니다. 바보는 자기 행동과 말이 어떤 결과들 불러올지 생각하지 않고 함부로 행동하고 말하지요.

지혜를 사랑한다는 것은 상황을 이해함으로써 더 좋은 방향으로 행동하려고 하는 것입니다.

아이가 언제나 말을 잘 들을 수는 없습니다. 그래서 다행이지요. 바보가 아니라도 말 안 듣는 아이는 백 퍼센트 합리적이지는 않은 행동을 할 수도 있다는 겁니다. 가령, 아이가 호기심이 발동해서 선생님에게 엉뚱하고 부적절한 질문을 퍼붓는다고 합시다. 그때 그 아이는 더 많은 것을 알고자 하는 현자이기도 합니다. 자기에게 어렵게 느껴지는 것을 이해하고 싶어서 그런 식으로 선생님의 관심을 요구할 수도 있지요.

호기심은 장점, 일종의 지혜입니다.

지혜가 자기 자리에서 꼼짝하지 않고 있는 것만을 의미하지는 않습니다. 지혜는 교실의 규칙을 존중하면서도 수업의 흐름에 흥미를 품고 계속 깨어 있는 것입니다. 현명한 아이는 자기 차례가 오지 않았는데 제멋대로 말하지 않습니다. 선생님이 수업을 하는 중에 함부로 자리에서 일어나거나 교실 밖으로 나가지도 않습니다. 소리를 지르거나 수업을 방해하지 않습니다. 현명한 아이는 다른 사람들을 생각하고 자신이 존중해야 할 규칙이 있다는 것을 압니다. 우리의 환경, 우리를 둘러싼 모든 것, 우리가 사는 공간을 잘 돌보는 것은 중요한 규칙 중 하나이지요.

지혜에 대한 사랑은 지식에 대한 사랑이며, 알고자 하는 욕망, 교사나 스승처럼 이미 알고 있는 사람에게 어렵고 복잡한 말을 설명해 달라고 요청하는 의지이기도 합니다.

누구나 이해할 수 있는 말로 설명을 하는 순간부터 철학은 그렇게까지 어렵거나 까다로운 것이 아닙니다.

예를 하나 들겠습니다. 여러분 모두 들어봤고 흔히 쓰이는 '지리(地理, geographie)'라는 단어를 생각해봅시다. 여러분은 이 단어가 무슨 뜻인지 이미 압니다. 하지만 이 단어를 구성하는 음절을 살펴볼까요. 'ge'는 그리스어로 '땅'을 뜻합니다. 'graphein'은 '쓰기'를 뜻합니다. 그러니까 수학이나 역사를 배우듯 학교에서 배우는 과목 '지리'는 '땅에 대한 쓰기'입니다. 지리는 지도를 작성하고 국경, 강의 흐름, 바다와 산의 위치, 그리고 각국의 수도와 주요 도시를 나타내는 것입니다.

호기심이 많고 주의력이 깊은 학생이라면 시간을 충분히 들여 어휘를 가르쳐주고 그 말이 무슨 의미로 쓰였는지 설명해주면 다 알아듣습니다. 철학은 어른들만 하는 게 아닙니다. 누구나 알아들을 수 있는 쉬운 말로 개념을, 다시 말해 관념과 사유를 풀어낸다면 철학을 하는 셈입니다. 우리는 생각하는 존재니까요.

스스로 판단하기

철학자 알랭은 "생각한다는 것은 '아니'라고 말하는 것"이라고 했습니다.
여러분도 그렇게 생각하나요?

✻

→ 생각하기

철학은 우리에게 생각하는 법, 머릿속에서 형성되는 관념에 질서를 부여하는 법, 우리 자신에게 질문을 던지는 법을 가르칩니다.

철학자 알랭은 "생각한다는 것은 '아니'라고 말하는 것"이라고 했습니다. 달리 말하자면, 생각한다는 것은 남들이 우리에게 하는 이야기를 무조건 삼키지 않는 것이라고 할까요.

생각한다는 것은, 일단, 남들이 던져주는 것을 덥석 받아들이지 않는 것, 다른 사람에게 들은 말에 일단 거리를 두는 것입니다. 그러고 나서 깊이 생각합니다. 우리가 들은 말에 어떤 의미가 있다면, 그 말이 내 생각에 부합한다면, 그때 받아들이면 됩니다. 하지만 빗장을 풀지 않을 수도 있습니다. 생각하기는 토론, 생각의 교환, 말하기, 나의 논증을 펼치고 상대의 논증을 검토하는 것이기도 합니다. 다시 말해, 주저하지 않고 의심할 수도 있어야 합니다. 생각하기는 용기를 내는 것, 과감하게 의견을 제시하고, 주장을 하고, 활발하게 참여하고, 설령 위험을 무릅쓰더라도 행동에 나서기로 마음먹는 것입니다. 동물은 생각을 하지 않습니다. 어떤 동물은 사람이 말을 걸면 알아듣기도 하지만요. 동물에게 지성이 없다는 말을 하려는 게 아닙니다. 동물의 지성은 사람의 지성과 다릅니다. 다시 말해, 사유는 단어와 문장으로 구성된 언어를 사용하기 때문에 동물의 사유란 존재하지 않습니다. 물론, 어떤 동물은 유독 영리합니다. 쥐는 새로운 상황에 적응할 줄 알기 때문에 똑똑하다는 말을 듣지요. 동물에게도 고유한 언어, 의미가 있는 행동들로 이루어진 언어가 있다고는 하지만 동물이 말을 하지는 않습니다. 개는 배가 고프거나 집 밖에서 달리고 싶으면 주

인에게 어떤 신호를 보내지요.

생각하기는 모든 철학의 시작입니다. 철학자 데카르트는 "나는 생각한다, 그러므로 나는 존재한다"고 했지요.

생각하기는 내가 사는 세상에 관여해 있는 것, 나의 실존의 구현, 내가 돌멩이나 널빤지나 동물이 아니라는 것을 나타내는 일입니다. 나의 실존, 내가 세상에 있음은 내가 생각을 한다는 사실로써 입증되지요.

스스로 판단하기

아무 생각도, 정말로 아무 생각도 하지 않으려고 노력해보세요. 어떻게 됐나요?
정말로 그렇게 할 수 있었나요?

우리는 생각을 할 때 머릿속에 있는 관념들을 휘젓습니다. 그 관념들이 전부 유효한지, 아니면 그중 어떤 것이 지혜와 어긋나는지 살펴보아야 하지요.

이때 우리는 의심을 하는 것입니다.

의심한다는 것은 확신하지 않는 것, 어떤 사실이 진짜라고 너무 믿어버리지 않는 것입니다.

의심은 정신에 자유를 줍니다. 정신은 어떤 주장이든 사실 여부도 검토하지 않고 받아들일 의무가 없습니다. 의심하는 사람은 주장을 전면적으로 다시 살펴봅니다. 그런 게 비판 정신이지요.

의심하지 않는 사람, 남의 말을 곧이곧대로 받아들이는 사람은 자기 지성을 쓰지 않습니다.

그런 사람은 남들이 확실하다고 하는 고정관념, 굳어서 꽉 막힌 사고, 토론을 진전시키지 못하는 생각에 그냥 만족해버리지요. 그런 생각은 선입견, 다시 말해 진정한 성찰과 판단에 앞서 존재하는 관념이기도 합니다. 의심하지 않는다는 것은 경계심이 부족한 태도이기도 합니다.

의심한다는 것은 세상에, 그리고 자신의 행동 방식에 주의를 기울이면서 살아간다는 증거입니다. 우리는 동물이나 기계가 아니지요. 누군가가 "지구는 평평해요"라고 할 때 우리 눈에는 땅이 평평한 것처럼 보이니까 그 말을 그냥 믿어버릴 수도 있습니다. 하지만 우리가 정신을 작동시킨다면 정신은 이렇게 속삭일 겁니다. "정신 차려, 의심해봐야 해, 저 사람이 틀렸을지도 모르잖아."

사실 지구는 평평하지 않지요. 지구는 둥글고 태양의 주위를 돕니다. 기원전 4세기의 아리스토텔레스로부터 갈릴레이(1564-1642)에 이르기까지 수많은 학자가 이 진실을 증명해 보였지요. 그 이후로는 어떤 과학자도 이 확실한 진리를 반박하지 못했습니다.

우리는 신의 존재를 의심할 수 있습니다. 그러나 지구가 태양 주위를 돈다는 것은 의심할 수 없지요.

아주 오래전에, 그리스 철학자이자 사상가 아리스토텔레스는 월식(月蝕)에 지구의 그림자가 달에 비치는 것을 보고 지구가 둥글지 않을까 생각했지요. 약 500년 전에는 천문학자이자 물리학자인 갈릴레이가 지구가 태양 주위를 도는 것이 맞다고 증명해 보였습니다. 지구는 평평하지 않고 한자리에 고정되어 있지도 않습니다. 지구는 태양 주위를 돕니다.

확실한 것까지 의심하는 것, 이것을 **회의**(懷疑)라고 합니다.

명백한 과학적 증거가 있는데도 지구가 평평하다고 굳게 믿는 사람들이 아직도 수백만이나 있습니다. 어느 설문조사에 따르면 프랑스인의 9퍼센트, 미국인의 16퍼센트는 지구가 평평하다면서, 지구가 둥글다고 믿게 하려는 것은 음모라고 생각한다는군요. 지구가 평평하다고 믿는 사람들은 비웃음을 두려워하지 않습니다.

우리가 언제나 모든 것을 의심한다면 앞으로 나아가지 못합니다. 의심에도 정도는 있어야 합니다. 생각이 깊어지는 것을 방해할 정도로 지나치지만 않으면 의심은 생각의 아주 좋은 도구랍니다!

스스로 판단하기

여러분이 의심하는 것들을 쭉 적어보세요.

회의적인 태도는 확실한 것에 대해서 판단을 유예하거나 확고하게 버티는 자세를 견지하는 것입니다.

의심을 할 때는 내가 들은 이야기를 믿지 않겠다는 결연한 태도를 취하지요. 나는 신중해지고 다른 사람이 제시한 바를 명백한 것으로 여기지 않습니다. 설령 상대가 나에게 자명한 진실을 말했더라도, 이를테면 지구가 둥글다고 했어도, 일단은 잠시 생각을 해보고 나서 그 말이 맞다고 할 겁니다.

회의하는 사람은 어떤 주장에 동의하기 전에 충분히 시간을 들입니다.

오래전부터 학자와 전문가들은 강대국 지도자들에게 지구의 기후 파괴 위험을 경고해왔습니다. 하지만 도널드 트럼프 같은 지도자는 학자들이 거듭 말하는 바를 믿지 않았지요. 이미 수십 번이나 확인된 일이고 우리 눈에 태풍, 홍수, 비정상적으로 녹아내리는 빙하, 폭염 등이 결과로 나타나고 있습니다. 그런데도 이러한 변화를 믿지 않으려 하는 사람들이 있지요.

우리는 이런 사람들을 '기후회의론자'라고 부릅니다. 회의론자는 거의 모든 것을 의심에 부치는 사람이지요. 기후회의론자는 기후변화의 위험이 너무 과장되었다고 생각하고 지구에 심각한 문제가 생길 거라는 주장을 부정합니다. 그러나 그들이 틀렸습니다. 실제로 과학자들은 믿을 만한 증거를 제시하면서 지구온난화가 지구와 인간의 건강에 어떻게 재앙을 일으키는지 보여주었지요.

대기오염은 현실입니다. 누가 꾸며낸 말이 아니에요. 그 증거로, 우리가 숨을 쉴 때 유독한 입자가 폐에 들어오면 기침을 한다는 증거가 있지요. 만약 공기가 도저히 숨 쉴 수 없을 지경이 되면 제때 치료를 받아야만 살 수 있습니다.

기후회의론자들은 회의적인 태도를 견지함으로써 지구를 구할 수 있는 조치를 늦추고 있습니다. 이렇듯 의심은 정상적인 것이지만 합리적 선을 넘어버린 회의주의는 경우에 따라 재앙의 원인이 됩니다.

이럴 때 회의론자들과 그들의 우스꽝스러운 고집을 꺾기 위해 제대로 된 교육, 생각하는 법을 가르치는 교육이 필요합니다.

스스로 판단하기

여러분의 부모님은 환경을 존중하기 위해 해야 할 일을 하고 있다고 생각하나요?

교육은 양성하고, 가르치고, 지식을 전달하는 것입니다. 생활 속의 행동 수칙을 알려주고 독서, 글쓰기, 역사, 지리, 문학, 수학, 예술을 여러 가지 다채로운 형식으로 전하는 것이지요.

교육자는 생각과 가치관을 건네주는 사람입니다. 뱃사공처럼 길을 안내하는 사람이지요.

교육은 아이의 정신을 깨우고, 호기심을 자극하며, 기계 혹은 상황이 어떻게 작용하는지 알고픈 의욕을 불러일으킵니다.

학교는 교육의 주요한 현장입니다. 하지만 교육이 학교에서만 이루어지는 것은 아닙니다. 가정도 교육에 참여하지요. 이를테면 가족은 아이의 창의성을 계발함으로써 교육에 이바지할 수 있습니다. 원칙적으로 가정은 학교를 보완하는 교육의 장이 되어야 합니다. 가정은 존중, 호기심, 경이…… 요컨대, 발견과 지식의 욕구를 가르침으로써 가치관과 삶 속에서 존재하는 방식을 제시해주지요. 부모님은 여러분이 학교 숙제를 잘하도록 도와줄 수 있을 뿐 아니라 다른 사람들과 서로를 존중하면서 살아가는 법을 배우게끔 독려해야 합니다.

오늘날의 교육은 학교, 가정, 대중매체, 그리고 인터넷(특히 트위터나 인스타그램 같은 소셜네트워크)을 통해서 이루어진다고 말할 수 있습니다. 어떤 경우든, 대중매체와 소셜네트워크에서 하는 말을 무작정 받아들이지 않도록 조심해야 합니다. 심지어 부모님이 하는 말도 무조건 옳다고 생각해서는 안 됩니다. 어떤 부모는 학교가 제 할 일을 못한다고 생각하고 선생님들의 가르침과 반대되는 교육을 하려고 하지요. 부모는 물론 자식이 잘되기를 바랍니다. 하지만 부모도 잘못 판단할 수 있고 자식에게 보편적 가치관에 어긋나는 생각을 심어주기도 합니다. 여기서 말하는 보편적 가치관이란, 누구든 스스로 생각했을 때 선하고 바람직하고 옳다고 보는 것입니다. 예를 들어 인종차별을 하는 부모는 자녀에게 외국인, 다른 종교, 다른 문화를 경계하라고 가르칠 수 있습니다. 그런데 아이가 스스로 잘 생각해 보면 그러한 행동은 좋지도 않고 옳지도 않다는 것을 알 수 있지요.

훌륭한 교육은 우리에게 지성과 존중으로 이루어진 습관들을 심어주는 것을 목표로 삼습니다.

교육은 제2의 천성이 되어 우리가 생각 없이 반사적으로 행동하지 않도록 도와주고 문명인답게 행동하도록 이끌어줍니다.

오늘날 교육이 제대로 이루어지지 않으면 청소년은 비행 혹은 범죄, 심지어 테러를 저지르는 사람이 될지도 모릅니다.

교육은 다 함께 지적으로 살아가기 위해 필요합니다. 지식을 가르쳐주는 사람들, 학교의 담임 선생님과 다른 선생님들, 경험과 지혜를 쌓아온 현자들을 존중해야 합니다. 노약자와 장애인도 존중할 줄 알아야 합니다. 항상 그들을 도울 마음의 준비가 되어 있어야 하지요. 인간은 어떤 상황에 있더라도, 아무리 열악한 조건에 처하더라도, 인간이라는 사실 하나만으로 가치 있는 존재입니다.

교육은 인간의 고유한 속성입니다. 인간이 동물과 다른 점은 여러 가지가 있는데 교육도 그중 하나이지요.

교육은 우리에게 **호기심**을 불어넣습니다. 호기심은 모든 아이에게 필요한 자질입니다. 호기심은 존재하는 것을 알고 싶어 하는 자연스러운 의지인데요, 지식을 넓힐 수 있는 원동력이 바로 이 호기심입니다. 사물과 도구, 그것들의 작동 방식, 흔하게 접하지만 어떻게 해서 만들어졌는지 잘 모르는 것 등등 매사에 호기심을 가져야 합니다. 예를 들어, 여러분은 라디오나 전화가 어떻게 작동하는지 알고 있나요? 비행기가 어떻게 나는지는 아나요? 원리를 모른 채 사용하기만 하면 기계에 더욱더 의존하게 됩니다.

우리를 둘러싼 사람들, 우리가 자주 만나는 사람들에게도 호기심을 가져야 합니다. 그들이 잘 지내는지, 도움이 필요하지는 않은지 궁금해하고 그들이 하는 일에 관심을 가져야 합니다.

철학자 임마누엘 칸트는 이렇게 말했습니다. "인간은 교육을 통해서만 인간이 될 수 있다. 사람은 교육이 본연의 그 사람으로 만들어낸 결과다." 18세기 말에 프랑스 남부에서 열두 살이 되도록 숲에서 혼자 산 소년이 발견되었습니다. 소년은 말을 할 줄 몰랐고 완전히 동물처럼 행동했지요. 어떤 사람들은 소년을 정신병원에 넣어야 한다고 했지만 장 이타르(Jean Itard)라는 의사는 자신이 소년을 돌보고 교육하겠다고 나섰습니다. 의사는 소년이 혼자 살아서 그렇게 됐을 뿐 그 소년이 원래 되어야 했을 인간이 되게끔 가르칠 수 있다고 확신했지요. 그는 교육을 믿었던 겁니다.

이렇게 볼 때 교육은 학교에서 지식을 가르치는 것만을 의미하지 않습니다. 교육은 모든 영역에서 이루어져야 합니다. 교육은 우리 행동의 토대입니다. 우리가 해야 하는 일과 해서는 안 되는 일이 있는데요, 교육을 통해서 그걸 알게 됩니다. 교육은 창구 앞에 줄을 설 때 순서를 지켜야 하고 새치기를 하면 안 된다고 알려줍니다. 이런 것이 자연스러워져야 합니다.

어릴 적 우리 부모님은 집으로 손님들을 초대하곤 했습니다. 나는 손님들과 동시에 식탁에 앉으면 안 된다는 말을 들었습니다. 일단 손님들이 다 자리를 잡은 후 어머니가 손짓을 하면, 그제야 비로소 앉을 수 있었지요. 나는 불만스러워하지 않았습니다. 손님을 귀히 대접하는 건 당연하다고 생각했거든요. 손님을 먼저 앉히는 것은 예의와 배려의 표시지요.

교육은 쓰레기 분리수거하고도 비슷합니다. (재활용이 가능한) 폐지, (역시 재활용이 가능한) 유리 공병, 재활용이 쉽지 않고 불태울 수 있는 쓰레기를 전부 따로 분류해야 합니다. 이런 습관은 어릴 때부터 들여야 합니다. 지구는 쓰레기통이 아니니까요.

스스로 판단하기

자식이 부모를 교육할 수도 있다고 생각하나요?

＊

존중은 우리가 좋게 생각하는 사람들과 가치관에 대한 일종의 인정입니다. 물론 인간이라면 누구나 존중받아야 하지만 어떤 사람, 어떤 생각은 더욱 특별한 존중의 표시를 누릴 자격이 있지요. 일례로, 우리의 지식을 더욱 풍부하게 하는 데 일조한 사람들이 그렇습니다. 이런 인물이나 가치관이 손상을 입지 않도록 중요하게 생각해주고 공격을 당할 때 보호해주어야 합니다. 존중은 이런 인물이나 가치관이 인정받지 못하는 일이 있어서는 안 된다는 원칙을 따릅니다. 이 원칙은 하나의 미덕이며 함께 살기 위한 규칙들이자 교육을 통해서 획득되는 자질입니다.

부모, 노인, 신체적 곤란을 겪는 사람(장애인 등)에 대한 존중도 필요합니다. 그리고 이른바 '입에서 나온 말'을 존중해야 합니다. 다른 사람과의 약속, 증인 앞에서의 다짐도 충실히 지켜야 한다는 뜻입니다.

존중은 명예에 해당합니다. 입에서 나온 **말**은 그 사람을 믿어도 되느냐 마느냐를 결정하는 담보물입니다. 옛날에는 상인들이 계약서도 쓰지 않고 서명도 하지 않고 거래를 했습니다. 신뢰는 자연스러운 것이었고 아무도 감히 신뢰를 배신하려 들지 않았지요. 그때는 말만으로 충분했습니다. 지금은 계약서, 변호사, 증거자료 등등이 필요한 시대이지요.

"내 말을 믿어도 돼"는 '내가 한 약속을 지키겠다고 맹세한다'라는 뜻입니다.

자기가 한 말을 존중하지 않는 사람은 바로 배척당합니다. 그런 사람에게는 비밀을 털어놓을 수 없고 신뢰하거나 의지할 수도 없습니다. 만약 여러분이 가장 친한 친구에게 비밀을 고백했는데 그 친구가 그 이야기를 동네방네 떠벌리고 다닌다면 그 친구는 약속을 지키지 않은 겁니다. 여러분은 결국 그에게 다시는 아무 말도 하지 않을 것이고 어쩌면 친구 사이 자체가 틀어질지도 모릅니다.

입에서 나온 말에 대한 존중은 인간관계의 기본입니다. 이건 명예의 문제입니다. 시간이 흐르면 그 친구를 용서할 수 있을지도 모르지요. 어쨌든 생각은 해봐야 합니다.

이야기

생각해 볼 만한 이야기가 있습니다.

나는 어릴 적 내 고향 페스에서 코란 학교를 다녔습니다. 이슬람 회당에 돗자리를 깔고 앉아 코란의 시구를 암송하는 시간이었는데요, 아침에 코란 학교에 도착하면 선생님 손에 입을 맞추는 것부터 했습니다. 선생님에 대한 존중을 표시하는 전통이었지요.

아버지는 내가 여섯 살이 되자 모로코의 프랑스 학교에 입학시켰습니다.

프랑스 학교에 처음 간 날, 나는 코란 학교에서와 똑같이 행동했습니다. 학교 정문에 프랑스인 교장 선생님이 개 한 마리를 데리고 서 있었는데 그 선생님 손에 입을 맞추었지요. 교장 선생님은 얼른 손을 빼내고는 나를 혼냈습니다.

부모님은 평소 내게 선생님들을 존경해야 한다고 가르쳤습니다. 하지만 교장 선생님은 내 행동을 이해하지 못했지요. 장소와 문화에 따라서 존중을 표현하는 방법은 때때로 달라집니다.

존중의 표시가 어디서나 같지는 않습니다. 그렇지만 적어도 그 자체로 존중받아야 하는 것에 대해서는 합의를 볼 수 있을 겁니다.

스스로 판단하기

절대적으로 존중해야 하는 사람들이 있다면 누구라고 생각합니까?

✳

말

입에서 나오는 말을 존중해야 한다면 말로써 자기 의견을 나타내는 것도 중요합니다. 그것이 우리의 권리입니다. 우리는 모두 발언을 하고 질문을 제기할 권리가 있습니다. 하지만 모두가 동시에 말을 할 수는 없습니다. 각자가 자기 차례에 맞게, 질서를 갖추어 말을 해야 하지요.

기본 방침은 서로의 생각을 교환하는 것이니까요.

과감하게 질문하기를 주저해서는 안 됩니다. 아무리 충격적인 질문이더라도요.

지식은 질문을 던지면서 더 발전하고 깊어지는 법입니다. 말하기를 두려워해서는 안 됩니다. **수줍음**을 극복하고 자신이 할 말을 해야 합니다.

그러나 말을 할 때는 겉모습을 경계해야 합니다. 우리 앞에 보이는 것이 때로는 한낱 껍데기에 지나지 않을 수 있습니다.

사실, 말을 한다는 것은 생각을 교환하는 것입니다. 자기 말을 정당화하기 위해 논거를 찾는 것입니다. 자신의 앎, 느낌, 생각을 전달하는 것입니다. 주저해서는 안 됩니다. 상대가 여러분에게 동의하지 않을지도 모릅니다. 그는 반박의 여지를 찾고 자신의 논증으로 여러분의 논증을 깨뜨리려고 할 겁니다. 규칙을 존중하는 한, 의견 교환은 중요합니다. 언성을 높이거나 소리를 지르거나 싸움을 해서는 안 됩니다.

토론과 대화도 배워야 할 수 있습니다.

토론을 하지 않으면 우리는 저마다 자기 확신의 포로가 됩니다. 생각이 꽉 막히고 굳어진 탓에 진리를 추구하지 못한다는 뜻입니다. 확신은 같은 생각을 하는 사람들을 주위로 모아들이는 효과가 있습니다. 그러다 보면 새로운 것을 발견하지 못하고

언제나 같은 생각을 곱씹고 제자리를 맴돌게 됩니다. 다시 말해, 아무 소득도 없고 아무 데도 소용이 없는 비생산적인 생각만 하게 되는 것이지요.

옛날에는 말을 아껴야만 교육을 잘 받았다고 했습니다. 입을 꾹 다물고 어른들의 말씀을 귀담아듣기만 해야 했지요.

지금은 아이들에게도 말할 권리가 있습니다. 입을 다물기만 해서는 안 됩니다. 할 말이 있으면 당연히 해야지요.

나는 어릴 때 교실에서 발표를 할 일이 있으면 입 밖으로 말이 잘 안 나와서 횡설수설하고 더듬거렸습니다. 말하는 게 겁나서 내 생각을 잘 표현할 수 없었지요. 나는 자신감이 부족했습니다. 친구들이 나를 놀릴까 봐 두려웠습니다.

지금은 발언을 할 수 없거나 교실에서의 토론에 참여하지 못할 이유가 전혀 없습니다. 자기 의사를 표현하는 것은 자기 권리입니다. 당당하게 권리를 행사하고, 어쩌다 어리석은 반응을 보이는 사람들이 있더라도 무시하세요.

스스로 판단하기

여러분은 발언을 주저하지 않아야 하는 이유가 뭐라고 생각합니까?

✳

수줍음

수줍음은 병이 아닙니다. 극복할 수 없는 장애도 아닙니다. 수줍음은 자기를 내세우고, 사람들 앞에 내보이고, 자기 생각을 말하기 두려워하는 태도입니다. 반박당하거나 거절당할 걱정이 앞서다 보니 나서는 것을 삼가고 얼굴을 붉히면서 두려움에 굴복하게 되지요.

수줍음은 마음이 불편하고 자신감이 떨어졌다는 표시입니다. 수줍음 때문에 우리는 침묵을, 눈에 띄지 않는 편을 택합니다. 그런데 다른 사람들과 어울리면서 존재감을 보이려면 입을 다물고만 있어서는 안 됩니다. 자기 의사를 표현하고 반응을 나타내야 합니다. 그러지 않으면 다른 사람들이 우리 대신 결정을 내리게 되지요. 그러면 우리는 더 불편해지고 더 외로워집니다. 진즉에 말을 할걸, 왜 입을 다물고만 있었을까, 후회도 되겠지요.

우리의 행동을 옥죄고 꼼짝 못 하게 하는 두려움에는 아무런 근거가 없습니다. 이 두려움을 극복하려면 잘 살펴보고 스스로 물어봐야 합니다. '나는 무엇을 두려워하는 걸까?' 두려움이 어떤 실체에 근거하지 않은 허울에 불과하다는 것을 여러분은 금세 깨달을 겁니다. 두려움은 한낱 상상일 뿐입니다.

사랑에 빠졌을 때도 상대에게 거절당하거나 우스운 꼴이 될까 봐 마음을 표현하기가 망설여질 수 있습니다. 실제로 그런 일이 있으면 자존감이 떨어지지요.

우리는 두려움을 극복하는 법을 배워야 합니다. 수줍음을 지나치게 탄다면 집에서 형제자매와 훈련이라도 해보세요.

누구나 심하게 수줍어했던 기억이 있을 겁니다.
그때의 일을 이야기해보세요.

진리는 무척 정립하기 힘든 것입니다. 진리를 정립하려면 반박할 수 없는 증거가 필요하지요. 하지만 증거가 없으면 자신이 믿는 것과 상대가 하는 말에 의지할 수밖에 없습니다.

법정에서 일어나는 모든 재판은 진실을 밝히려 하지요. 어떤 사람이 "이 남자는 이웃을 죽였습니다"라고 말합니다. 그러자 피고인이 "아니오, 나는 아무도 죽이지 않았습니다"라고 합니다. 피고인이 죄가 있는지 없는지 어떻게 알아낼 수 있을까요?

남자를 고발한 사람은 증거를 가져와야 합니다. 증거가 없으면 피고인은 무죄로 간주됩니다.

모든 피고인은 일단 무죄로 추정됩니다. 어떤 사람이 죄가 있다는 것을 명백하고 확실하게 입증하지 못한다면 그 사람은 죄가 없는 것으로 여겨야 한다는 뜻이지요. 단지 의심을 산다는 이유로 섣불리 판단해서는 안 됩니다. 역사적 진실은 사료와 증언을 수집하고 비교하는 역사학자들의 치밀한 작업을 통해 수립됩니다. 이러한 작업이 없었다면 우리는 수 세기 전에 과연 무슨 일이 있었는지 다 잊어버렸겠지요.

프랑스 대혁명이 언제 일어났는지 알고 싶다면 백과사전이나 프랑스 역사책을 참고할 수 있고 역사 선생님에게 물어볼 수도 있습니다. 지금은 컴퓨터에 검색어를 입력하기만 해도 구글 같은 검색 엔진이 웹페이지를 수백 개, 수천 개 띄워줍니다. 거기서 자기가 원하는 정보를 찾기만 하면 되지요.

진리는 모두에게 자명한 것입니다. 진리는 상대적이지 않습니다. 다시 말해, 진리는 사람이나 나라에 따라 달라지지 않습니다.

"해는 동쪽에서 뜬다"는 모든 시대, 모든 장소에 유효한 절대적 진리입니다. 하지만 정확히 말하자면 태양은 뜨지도 않고 지지도 않습니다. 태양은 고정된 별이지요. 지구가 태양 주위를 돌기 때문에 우리 눈에는 뜨거나 지는 것처럼 보입니다. 지구가 태양 주위를 돈다는 사실이 계절이 바뀌는 이유를 설명해줍니다. 비록 요즘은 이상기후 때문에 기온과 계절이 잘 맞지 않는 경우도 많지만요. 프랑스도 이상고온이 심해져서 2019년 6월에는 최고 기온 45.9도를 기록하기도 했습니다. 프랑스에서 이러한 고온을 관측한 것은 사상 처음이었어요. 인간이 지구를 대하는 방식 때문에 지구가 단단히 병이 들었음을 짐작할 수 있습니다.

하지만 진리는 사유에 또 다른 문제들을 제기합니다. 우리는 때때로 진실을 전달하는 것이 과연 현명한 처사인가를 고민하지요.

언제나 진실만을 말해야 할까요? 달리 말하자면, 모든 진실은 말해도 좋은 것일까요?

그 답은 상황의 심각성에 달렸습니다. 진실을 말했다가 비극을 초래할 위험이 있다면 상황을 보전할 다른 방법을 찾아야 합니다. 때로는 거짓이 긍정적인 목적으로 쓰일 수도 있습니다.

예를 들어 어느 환자에게 그의 병이 너무 깊어서 몇 달밖에 못 살 거라는 말을 해주지 않는다 칩시다. 진실은 그 환자에게 아무 도움이 안 될지 모릅니다. 진실은 그의 병을 치료해주지 않고 오히려 그를 한없는 슬픔에 빠뜨릴 겁니다.

이야기

『천일야화』에 이런 이야기가 있었던 게 기억납니다. 순진하면서도 꾀바른 조하라는 사람이 이런 말을 합니다. "진실은 둥글다." "진실은 평평하다." "진실이 바로 여기 있다." "진실은 날아갔다." 조하는 사람들에게 불쾌하고 충격적으로 들릴 수도 있는 진실을 기탄없이 말합니다.

그는 상처를 주는 한이 있더라도 언제나 진실을 말해야 한다고 믿는 투사입니다.

스스로 판단하기

여러분은 항상 진실만을 말해야 한다고 생각하나요?

→ 거짓

사실이 아닌 줄 알면서 사실처럼 말하거나, 없는 줄 알면서 있는 것처럼 말하면 거짓말이 됩니다. 거짓 소식을 전하거나, 하지도 않은 일을 했다고 하거나, 하지 않은 말을 했다고 할 때가 있지요. 거짓말은 존재하지 않았던 사태를 꾸며냅니다. 이를테면 뉴욕에 가본 적이 없으면서 "나 뉴욕에 가봤어"라고 하는 것은 거짓말이지요.

거짓말은 왜 하는 걸까요? 주로, 자기에게 없는 위세를 얻기 위해서 합니다.

아이들은 자기가 원하는 것을 빨리 얻어내려 거짓말을 하곤 합니다. 하지만 그러한 태도가 꼭 아이들만의 것은 아니지요.

프랑수아 트뤼포의 영화 「400번의 구타」에서 소년 앙투안은 전날 학교를 빼먹은 이유를 둘러대느라 "엄마 때문에…… 엄마가 돌아가셨어요"라고 말합니다. 선생님은 곧바로 거짓말이라는 것을 알아차리지만 앙투안은 자기가 그 거짓말 덕분에 궁지를 모면했다고 믿지요.

그렇지만 거짓을 토대로 삼아서는 아무것도 이뤄내지 못합니다.

결과적으로 거짓은 사람들 사이의 신뢰를 파괴하지요. 여러분이 친구나 부모님이나 선생님에게 거짓말을 했다면 어떻게 상대가 계속 여러분을 믿겠습니까? 그런데 신뢰는 정말로 근본적인 것입니다. 누군가를 신뢰한다는 것은 그 사람이 하는 말을 믿는다는 의미입니다. 그의 말은 굳이 검증할 필요가 없습니다. 우리는 신뢰하는 사람이 하는 말은 의심하지 않습니다.

사실이 아닌 것을 사실인 것처럼 진술하는 거짓말이 있는가 하면 일부러 사실을 말하지 않는 거짓말도 있습니다. 우리를 신뢰하는 사람을 상대로, 대개는 진실의 여파를 감당할 용기가 없어서, 슬쩍 말을 안 하고 넘어갈 때가 있지요. 이 거짓말은 침묵하기 때문에 더 해롭습니다. 누락은 의도적 망각입니다. 우리의 **행동**이 그렇듯 우리의 침묵도 도덕성이 결여된 것일 수 있습니다.

거짓말이라는 잘못은 아주 가벼울 수도 있고 아주 심각할 수도 있습니다. 어쨌든 결코 떳떳할 수 없는 잘못임에는 분명하지요.

스스로 판단하기

여러분은 '선한' 거짓말, 꼭 필요한 거짓말이 있다고 생각하나요?

선전은 거짓을 파는 기술입니다.

정치인들은 국민의 표를 얻기 위해 종종 선전을 펼칩니다. 그들은 자기가 일단 선거에서 승리하면 지키지도 않을 약속을 내세웁니다. 그래서 "약속은 믿는 사람들하고만 상관있는 얘기"라는 말이 있는지도 모릅니다.

선전은 광고와 다릅니다. 광고에도 거짓은 있을 수 있습니다. 광고는 가능한 모든 실현 매체를 동원하여 상품이 잘 보이게 만듭니다. 광고는 잡지, 라디오, 텔레비전, 인터넷 등에서 장점이 있는 (것으로 가정되는) 상품을 알리기 위해 이런저런 메시지를 유포합니다.

'허위 광고'라는 것도 있습니다. 전면에 내세우는 제품의 장점이나 성능에 대해서 거짓말을 하는 광고이지요. 허위 광고는 법으로 금시되어 있습니다. 하지만 광고업자들을 무슨 수로 말리겠습니까. 상품을 팔기 위해서라면 못할 일이 없거든요.

그렇기 때문에 광고에 대해서는 대단히 경계하는 자세가 필요합니다. 광고가 하는 말을 전부 믿지는 마세요! 광고의 목표는 어떻게든 여러분이 소비를 하게 만드는 겁니다. 그런데 과소비는 환경을 해치고 지구를 파괴하지요. 어떤 사람은 자동차를 몇 대씩 소유하고 또 어떤 사람은 에어컨을 지나치게 많이 사용합니다. 공장은 제품 생산에만 눈이 어두워 폐수를 하천에 방류합니다.

따라서 의심과 경계는 반드시 필요합니다. 똑똑한 소비자, 똑똑한 시민이 되세요. 무엇보다도, 광고와 선전의 메시지를 그대로 믿지 마세요.

스스로 판단하기

여러분 주위에 허위 광고가 없는지 살펴보세요.

✱

행동은 생각하는 인간의 고유한 속성입니다.

행동은 과감함입니다. 행동은 뭔가를 하는 것입니다.

삶은 움직임, 행동입니다.

행동은 수동적으로 당하기만 하지 않는다는 뜻입니다. 그러니까 매일 아침 일어나고 일을 해야 합니다.

그렇지만 행동은 아무 일이나 한다는 뜻이 아닙니다. 자기가 무엇을 하는지 잘 생각하면서 행동을 해야 하지요.

수동적 자세, 팔짱 끼고 지켜보기, 꼼짝하지 않기는 불길하고 위험한 태도입니다. 여러분이 아무것도 하지 않는다면, 여러분이 행동하지 않는다면, 다른 사람들이 여러분 대신 행동하도록 내버려두는 것밖에 안 됩니다. 이건 용납할 수 없는 일이지요. 여러분은 엄연히 존재하고, 마땅히 삶에 참여해야 하니까요.

어떤 사람을 두고 '행동가'라고 할 때는 구체적인 작업에 착수하고 그러한 행동을 통하여 결국 상황을 바꿀 수 있는 사람이라는 의미가 있습니다.

44

선거일에 투표권을 행사하지 않고 집에 있는 사람들은 자기 마음에 들지 않는 사람이 당선되더라도 불평할 권리가 없습니다. 투표는 적극적 행위입니다. 투표를 함으로써 우리는 책임 있는 시민이 되고 정치 생활의 구성에 한몫을 담당합니다. 우리는 그런 식으로 우리의 의사를 피력하는 것입니다.

행동하는 사람, 행동 중에 있는 사람은 실용적인(pragmatique) 사람입니다. 그리스어 'pragma'는 '행동'이라는 뜻입니다.

'행동가'는 활발하고 적극적인 사람, 상황이 저절로 바뀌기를 기다리지 않는 사람입니다. 이를테면 그는 기후와 **생물다양성**을 지키기 위해 행동합니다. 생물다양성은 지구에 사는 생명체 전체를 뜻합니다. 인간뿐만 아니라 무수히 많은 종의 동물, 식물, 곤충, 요컨대 우리가 보호해야 할, 살아 있는 모는 손재들 밀입니다.

이야기

마르틴 니묄러라는 독일인 목사는 동포들이 나치즘에 대해서 아무 행동도 취하지 않는 것을 의아하게 여겼습니다. 나치즘은 제2차 세계대전 당시 독일이 수립한 정치 이데올로기로 유대인, 공산주의자, 노동운동가 등을 모두 죽이려고 했습니다. 그는 자신의 의문을 짧은 시로 썼습니다.

"나치가 공산주의자를 잡아들이기 시작했을 때, 나는 아무 말 하지 않았다. 나는 공산당원이 아니었으니까. 나치가 유대인들을 잡아들이기 시작했을 때, 나는 아무 말 하지 않았다. 나는 유대인이 아니었으니까. 나치가 가톨릭 신자들을 잡아들이기 시작했을 때에도 나는 아무 말하지 않았다. 나는 개신교 신자였으니까.

마침내 나치가 나를 잡으려 왔을 때, 나를 위하여 한마디라도 해줄 사람은 아무도 없었다."

스스로 판단하기

이 이야기는 여러분에게 무엇을 가르쳐줍니까?

✱

노력

노력 없이 쉽게 얻는 것을 경계해야 합니다. 세상에 공짜는 없습니다. 공을 들이고, 노력을 해서 자기가 원하는 것을 얻으려면 무엇이 필요한지 이해해야 합니다.

게으름 때문에, 혹은 타산적으로, 손 안 대고 코를 풀려고 한다면 잘못 생각한 겁니다. '노력을 최소한으로만 기울이는 것'은 좋지 않을뿐더러 당사자에게 도움이 되지 않습니다.

고대 그리스의 철학자 디오게네스는 "가장 좋은 것은 수고다"라고 했습니다. 어쩔 수 없이 감당해야 하는 수고가 아니라 어떤 목표를 성취하기 위해 스스로 받아들인 수고는 그만큼 유익한 것입니다.

인간이 가장 갖고 싶어 하는 것 중 하나가 돈이지요. 그런데 돈은 열심히 일하고 수고를 들여야만 얻을 수 있지 않나요?

'공돈'이라는 말이 있습니다. 아무 노력 없이, 힘들이지 않고 수중에 넣은 돈, 불법적인 방법으로 쉽게 얻은 돈은 공돈이라고 할 수 있겠지요. 이를테면 마약을 팔아서 버는 돈이 그럴 겁니다. 다행히 이런 예가 흔치는 않아요. 어쨌든 마약을 간절히 원하는 사람에게는 부르는 게 값이니 큰돈을 쉽게 벌 수 있겠지요. 하지만 마약이 그 사람을 죽일 수도 있습니다. 자칫 실수했다가는 크게 벌을 받거나 목숨을 잃을 수도 있으므로 이 공돈은 위험합니다.

쉬울수록 조심할 줄 알아야 합니다. 실은, 노력을 게을리하는 것처럼 나쁜 것도 없습니다. 거저 얻으면 언젠가는 대가를 치르게 마련이거든요. 쉽게만 가서는 아무것도 이루지 못합니다.

부모님이나 할아버지 할머니께서 가끔 용돈을 주시지요? 적당한 금액의 용돈은 괜찮습니다. 하지만 돈의 가치나 물건의 가치를 아직 잘 모르는 어린아이에게 너무 큰 돈을 준다면 그건 문제가 됩니다. 아이는 응석받이가 되거나 안 좋은 버릇이 들고 맙니다.

노력은 우리의 두뇌 계발에 도움이 됩니다. 노력은 지능을 단련시킵니다. 지능이란 문제를 해결하거나 뭔가를 혁신하거나 새로운 것을 만드는 능력이니까요.

학생이라면 누구나 열심히 노력해야 할까요?

네, 당연히 그렇지요. 학교 공부는 지능만 믿고 할 수 있는 게 아닙니다. 선생님이 세계지도에서 어느 나라의 수도를 찾아보라고 했다고 칩시다. 여러분이 그 나라의 수도가 어디인지 예전에 배운 적이 없다면 그 지식을 여러분의 지능만 믿고 만들어낼 수는 없습니다.

그러므로 수업을 잘 듣고 내용을 기억해야 합니다. 무엇보다, 스스로 생각하려는 노력이 필요합니다. 어떤 학생들은 자기 머리 좋은 것만 믿고 노력을 소홀히 합니다. 그런데 지능처럼 타고난 재능도 자기 힘으로 뭔가를 얻어내는 과정에서, 다시 말해 적극적으로 자기가 노력을 할 때 잘 계발될 수 있답니다. 머리가 좋은 것은 장점입니다. 자기 노력으로 배울 수 있다는 것은 더 큰 장점입니다.

스스로 판단하기

"물고기를 잡아주지 말고 잡는 법을 가르쳐주라"라는 격언이 있습니다.
이 격언에 대해서 어떻게 생각하는지 말해보세요.

✱

악

악은 신체적인 면과 정신적인 면에서 생각해 볼 수 있습니다. 때로는 신체적 악과 정신적 악이 단단히 결부되어 있기도 하지요.

말벌에 쏘이거나 치통을 앓으면 신체적 아픔을 느낍니다.

그런데 같은 반 친구나 어른에게 따귀를 맞으면 몸만 아픈 게 아니라 정신적으로도 고통스럽겠지요. 그 이유는 여러분이 맞은 것이 부당한 일이라고 느끼기 때문입니다. 아마 이런 생각이 들겠지요. 아니, 내가 뭘 잘못했다고 이러는 거야?

두통이나 복통은 신체적 건강에 이상이 있다는 표시입니다. 이 악은 누가 저질러서 발생한 것이 아닙니다. 자연의 섭리로 발생했을 뿐이지요. 가령, 상한 음식을 먹으면 우리 몸은 얼른 병원에 가보라는 신호를 보내기 위해 통증이라는 반응을 일으킵니다.

어떤 사람 혹은 여러 사람으로 이루어진 집단이 악을 저지른다면 그 악은 그들의 책임이고 그렇기 때문에 심판을 받을 수도 있습니다.

악은 어디에나 있습니다. 어떤 상황에서 아주 선량하던 사람이 상황이 바뀌면 악한 일을 하기도 합니다. 실제로 **선**과 악은 한 사람 안에 공존합니다. 완전히 착하기만 한 사람도 없고 완전히 못되기만 한 사람도 없습니다. 사람은 저마다 자기 성격대로, 자기가 경험하거나 당한 일을 기준으로 행동하지요. 반면, 우리는 모두 무엇이 선하고 무엇이 악한지 분별할 수 있는 능력이 있으므로 스스로 선택하고 행동할 의무도 있습니다.

악이 무엇에서 발생하는지는 설명하기 어렵습니다. 하지만 악이 존재한다는 것은 똑똑히 알아야 합니다. 어떤 부당함이 악으로 불거질 때도 많습니다. 또 어떤 종교에서는 악을 신과 대적하는 악마, 사탄이 일으키는 것으로 설명합니다.

신체적 악, 다시 말해 몸의 통증이나 병은 그나마 쉽게 알아차릴 수 있고 때로는 예방하거나 피할 방법이 있습니다.

정신적 악은 당장 알아차릴 수 없기 때문에 더 위험합니다. 이 악은 생각지 못한 경로로 빙 둘러와서 우리를 후려치곤 합니다. 왜 그럴까요? 인간은 단순하지 않은 존재이고 자신이 타고나지 못한 것, 노력했는데도 얻지 못한 것을 완력, 폭력, 부당 행위를 통해서라도 차지하고 싶은 유혹에 자주 시달리기 때문이지요.

자신의 이익이나 그냥 재미를 위해서 악한 일을 저지르는 사람들도 있습니다. 그렇지만 정말 모르고 저지르는 악도 있을 수 있습니다.

악은 절대로 사라지지 않고 언제든 튀어나올 준비가 되어 있다는 것을 알아두세요. 악이 발생했을 때 지나치게 당황하거나 충격받지 않고 잘 대처하려면 이 사실을 기억해두는 편이 좋습니다.

스스로 판단하기

여러분이 생각하는 악은 어떤 것인가요? 못된 심보, 남에게 해로운 일을 하려는 속셈이 얼굴에 드러난다고 생각하나요? 아니면 악이 너무 흔하기 때문에 금세 알아보기 어렵다고 생각하나요?

*

선

선은 악의 반대입니다.

철학자 장자크 루소는 인간이 죄 없이, 다시 말해 선한 존재로 태어나지만 사회 속에서 살아가면서 악해진다고 보았습니다.

갓난아기는 선하지도 않고 악하지도 않습니다. 아이는 성장하면서 옳고 그름, 선과 악을 알게 됩니다. 아이가 자율적으로 그러한 판단을 하게 되기까지는 오랫동안 어른들의 돌봄과 교육이 필요하지요.

인간에게는 선한 일을 하려는 기질이 있습니다. 하지만 그 사람이 어떤 교육을 받고, 어떤 사람들을 만나고, 어떤 영향을 받느냐에 모든 것이 달렸습니다. 그 이유는 각자가 살아가는 환경, 각자의 행동 습관에 따라서 자칫 악으로 빠지는 경우가 얼마든지 있을 수 있기 때문입니다.

사실, 선한 마음은 일종의 의지입니다. 자신은 도움이 필요한 이들에게 손을 내밀기 위해 세상에 태어났다고 믿는 사람은 좋은 일을 하고 싶어 합니다. 이러한 의지를 잘 끌어내고 격려하는 법을 알아야 합니다.

사람들은 어떤 상황에서는 단합을 잘합니다. 누가 강요한 것도 아닌데 그래야만 할 것 같은 의무감을 저마다 느낄 때가 있지요. 의학적 연구를 빨리 진전시켜야 할 필요가 있을 때 연구자들은 이기심을 버리고 자기가 거둔 성과를 다른 이들과 공유합니다. 곤궁한 이들을 도울 때에도 사람들은 힘을 합쳐 행동합니다. 어떤 학교 학생들은 우리보다 못사는 나라의 학교, 특히 아프리카 학교에 옷이나 학용품을 보내기 위해 힘을 합치기도 하지요.

우리는 개인으로서도 선하고 집단으로서도 선할 수 있습니다. 우리가 반드시 참여하고 실천해야 하는 문제 중 하나가 바로 지구의 상태, 우리의 자연환경입니다. 지구의 건강 상태가 우리가 지구를 다루는 방식, 우리의 행동 방식에 달려 있다는 사실을 한시도 잊어서는 안 되겠지요.

화장실에서 이런 안내문을 본 적 있나요? "다음 사람을 위해 깨끗하게 사용해주세요." 지구도 우리만 쓸 것처럼 더럽혀서는 안 됩니다. 환경오염에 대해서는 절대로 "내 알 바 아니잖아"라고 말할 수 없습니다. 선한 마음은 우리보다 나중에 태어날 사람들의 미래를 생각하는 것이기도 합니다. 이 세상은 우리의 소유물이 아니니까요.

우리를 도와준 사람, 우리를 위해 어떤 일을 해준 사람에게 감사하는 마음을 절대 잊지 마세요.

이야기

지금까지 여러분에게 조언한 내용과 정반대되는 이야기를 해보겠습니다.

옛날에 아주 어여쁜 아가씨가 있었는데 그 아가씨는 두 청년 사이에서 누구를 신랑으로 삼을지 고민하고 있었습니다. 둘 다 아주 잘생기고, 교육도 잘 받고, 성품도 좋은 청년들이었거든요.

게다가 두 청년 모두 진심으로 아가씨를 사랑하고 있었습니다. 아가씨는 고민하다 못해 아버지께 도움을 청했습니다.

아버지는 이렇게 말했습니다. "두 청년에게 내가 바닷가에서 하루를 함께 보내고 싶어 한다고 말하려무나."

아가씨의 아버지와 두 청년은 바다를 보러 갔습니다. 아버지는 두 사람을 시종일관 눈여겨보았습니다. 하지만 아버지도 둘 중 누가 더 훌륭한 신랑감인지 판단을 내릴 수 없었지요.

그러다 아버지가 수영을 하러 바다에 뛰어들었습니다. 차가운 해류가 아버지를 바다 깊숙이 끌어당겼습니다. 아버지가 도와달라고 외쳤습니다. 두 청년 중 한 명이 얼른 바다에 뛰어들어 아버지를 구했습니다.

그날 저녁, 아버지가 딸에게 말했습니다.

"이제 네 배필로 누가 더 나은지 알겠구나. 나를 구하러 오지 않은 그 청년이다."

"왜요?"

"날 구해준 청년에게는 내가 평생 갚으며 살아야 할 테니까."

이 이야기의 교훈은 무엇일까요? 남을 도울 때는 나에게 어떤 이익이 돌아올지를 생각하지 마세요.

스스로 판단하기

착하게 살기 위해 반드시 노력해야 한다고 생각하나요?

✳

→ 권태

위대한 작가 라브뤼예르는 "권태는 게으름에 의해 세상에 등장한다"고 했습니다.

아이가 아무것도 하지 않고 딱히 하고 싶어 하는 것도 없다면 시간이 아주 느리게 느껴질 겁니다. 마음에 드는 것도, 구미가 동하는 것도 없는 이 지루한 상태를 아이는 견디기 힘들어합니다. 이렇게 권태에 빠진 사람을 두고 흔히들 '허송세월한다'고 하는데요, 허송세월한다는 것은 보람 있는 일이라고는 아무것도 하지 않고 귀한 시간을 흘려보낸다는 뜻입니다.

사람이 할 일이 없으면 뚜껑 닫힌 병 속에 갇힌 파리처럼 이리저리 동요하기만 합니다. 제자리를 맴돌면서 왱왱 소리만 내지요.

권태 그 자체는 아무것도 아니고 사람마다 권태를 경험하는 방식이 중요합니다. 권태는 아무 의욕이 없는 사람, 흐르는 시간을 무엇으로 채워야 할지 모르는 사람만 느낍니다.

그렇지만 살다 보면 이 공허한 시간을 받아들여야 할 때도 있습니다. 정신이 너무 지쳐서 활력을 잃을 때가 있거든요. 지루해도 괜찮습니다. 단지, 권태가 습관이 되어서는 안 됩니다.

권태의 시간이 반드시 아무것도 하지 않는 시간인 것은 아닙니다.

권태도 일종의 휴식일 수 있고 상상력과 지능을 달리 사용하는 하나의 방식일 수 있습니다. 활동을 잠시 멈추는 겁니다. 아무것도 하지 않기로 마음먹는 거예요. 의욕이 하나도 없어서 그런 마음을 먹었다면 언제고 의욕은 돌아올 수 있다는 것을 알아두세요.

잠을 자려고 누웠는데 도통 잠이 오지 않을 때가 있지요. 오지 않는 잠을 기다리면서 뭘 해야 할지 모르는 이 상태도 '권태'라고 부를 수 있습니다. 잠이 오지 않는 것을 '불면'이라고 하는데요, 잠이 오기를 기다리며 뒤척이는 것은 시간 낭비입니다. 사실, 불면증이 정말로 심하면 아무것도 못 합니다. 책을 읽거나, 글을 쓰거나, 그림을 그리거나 하는 활동을 제대로 못 하고 잠을 잘 수 있기만 바라게 되지요. 대개의 경우는 그러다 보면 몸과 정신이 지쳐서 결국 곯아떨어지는 때가 옵니다.

권태는 **침묵** 속에 자리를 잡습니다. 권태는 예고 없이 다가옵니다.

스스로 판단하기

권태를 경험하는 방법으로는 어떤 것들이 있을까요?
권태를 더 기분 좋게 잘살기 위한 도구로 삼으려면 어떻게 해야 할까요?

＊

침묵과 소리

침묵은 소리가 전혀 없는 상태입니다. 깊이 생각하고, 글을 쓰고, 공부하고, 명상하고, 기도하고, 음악을 들으려면 주위가 조용해야 하지요.

학교에서 선생님이 수업을 잘 진행하기 위해 여러분에게 조용히 하라고 할 때가 많지요? 생각을 잘 전개하고 표현하려면 그러한 침묵이 반드시 필요합니다.

처음에는 사람이 살면서 어떻게 소리를 전혀 내지 않을 수 있나라는 생각이 들기도 할 겁니다.

실제로 소리는 살아 있다는 신호이기도 합니다. 살아 있는 이상 숨소리, 심장이 뛰는 소리는 늘 함께하게 마련이지요. 하지만 뭔가를 배우는 사람이나 무척 집중해야만 할 수 있는 일을 하는 사람에게는 소음이 방해가 됩니다.

조용히 하는 것은 다른 사람들이 편히 지내도록 배려할 줄 아는 문명인다운 태도입니다. 라디오나 텔레비전 음량을 제멋대로 올리는 사람은 다른 사람들이 조용히 지낼 권리를 무시하는 셈이지요. 그러한 행동은 자기밖에 모르고 예의가 부족하다는 표시입니다.

소음은 대개 차분하고 평화로운 분위기를 망가뜨립니다. 대도시에서는 자동차 소음, 도로 공사를 하는 굴착기 소음 따위가 항상 들리기 때문에 자연의 소리, 가령 새들의 노랫소리나 바람이 나뭇가지를 스치는 소리는 듣기가 힘듭니다. 도시의 소음은 우리를 불안정하게 만듭니다. 다시 말해, 소음은 우리가 찬찬히 생각하고 행동하는 데 필요한 균형을 깨뜨립니다.

상대의 의식을 둔감하게 만드는 대신 마음은 사로잡으려 할 때 말을 소리로 바꾸는 수법을 쓰곤 합니다. 스피커로 구호를 쩌렁쩌렁하게 외치거나 마법의 주문처럼 똑같은 말을 반복하는 수법이지요. 히틀러가 군중을 한데 모으고 연설을 할 때 그런 수법을 썼습니다. 소음은 폭력과 전쟁의 지표이기도 합니다. 소음은 진정한 말과 문장을 필요로 하지 않습니다. 구호들을 내뱉고 군중이 복창하게 하면 그만이니까요. 소음의 폭력성 앞에서 사유는 불편을 느끼고 좀체 발전하지 못합니다.

그러나 축제와 환희의 소리도 있습니다. 그러한 소리는 잘 지내고 있다는 표시, 나아가 행복의 표시입니다.

작가 사샤 기트리는 이런 말을 했습니다. "모차르트의 음악은 다 듣고 난 후 이어지는 침묵조차 그 음악의 일부다."

스스로 판단하기

여러분은 어떤 소리를 좋아하나요?
어떤 소리를 싫어하나요?

우정

우리는 대개 놀이터나 학교 운동장에서 우정이라는 관계를 처음으로 발견합니다.

우정은 상대가 나를 이해하고 나 역시 상대를 이해한다고 느끼는 상태입니다. 나는 상대를 신뢰하고 상대도 나를 신뢰합니다. 그래서 나는 그 사람이 아무에게도 말하지 않을 거라고 믿고 나의 비밀을 털어놓을 수 있습니다. 나는 상대에게서 이러한 관계가 가능하다는 단서를, '서로 통하는 점'이 있고, 사물이나 상황을 바라보는 방식이 비슷하다는 것을 발견했습니다. 우리는 관심사가 비슷하고, 궁금해하는 것도 비슷하고, 기뻐하는 이유나 슬퍼하는 이유가 비슷합니다. 좋아하는 책, 음악, 영화가 겹치기도 하고요. 서로 마음이 맞지 않을 때도 있지만 중요한 것은 서로 파장이 맞을 때가 많다는 거예요.

내가 그 친구를 생각할 때 그 친구도 내 생각을 하겠구나, 라고 알 수 있습니다.

우정이 쌓이려면 시간이 필요합니다. 때로는 이런저런 시험을 거치고서야 그러한 관계가 만들어집니다. 하지만 우리는 착각도 자주 합니다. 사실은 진정한 친구가 아닌데도 그렇다고 믿어버리기도 하고요.

우정은 화초나 나무처럼 시간을 두고 키워나가는 것입니다.

우정은 자신의 이기심을 잠시 접을 줄 아는 것입니다. 이기주의자는 자기 생각밖에 하지 않기 때문에 남들을 잊습니다. 그런데 우정이라는 관계에서는 나 못지않게 친구도 생각하지요. 친구는 많은 것을 나누는 사이입니다. 함께하고 싶은 것들을 함께하는 사이입니다.

우정은 이익과 손해를 먼저 생각하지 않습니다. 가령, 누가 돈을 잘 써서, 게임기를 잘 빌려줘서, 나 대신 숙제를 해줘서 그 사람과 친구가 되고 싶어 해서는 안 됩니다. 그렇게 계산적인 마음이 깔려 있으면 건실한 우정을 쌓을 수 없지요.

달리 말해보자면, 우정은 아무것도 바라지 않고 함께하는 것입니다. 내가 깜박 잊고 지갑을 가지고 나오지 않았다면 친구가 돈을 빌려줄 수도 있습니다(물론 나중에 꼭 갚아야겠지요). 하지만 나보다 돈이 많은 사람을 이용하려고 접근하는 것은 우정이 아닙니다.

우정은 사랑과 다릅니다. 친구 사이에는 육체적인 끌림, 다시 말해 성적인 끌림이 없으니까요. 우정을 육체적 끌림이나 성관계가 없는 사랑의 한 종류라고 할 수도 있겠습니다. 하지만 부모가 자식에게 느끼는 사랑도 있습니다. 이 사랑을 부성애 혹은 모성애라고 합니다.

우정은 드물고 귀한 선물이기 때문에 소중히 지켜야 합니다. 우정은 **외로움**, 버림받음, 거부, 배척으로부터 우리를 보호해주는 최고의 방벽이니까요.

이야기

내가 어렸을 때, 그러니까 열 살 혹은 열한 살 때, 나무를 한 그루 심었습니다. 우리 학교 아이들은 모두 우리가 살던 도시 변두리에 자기 나무를 한 그루씩 심었더랬지요. 그 후로 나는 나무들의 친구가 되었습니다. 어디를 가든 늘 나무들이 건강하게 잘 지내는지 걱정하곤 했어요. 살아 있는 나무는 우리에게 시원한 그늘을 드리워주고 맛있는 열매, 우리가 숨 쉬는 깨끗한 공기까지 선물해주는 고마운 친구랍니다.

스스로 판단하기

요즘에는 SNS 친구가 수백 명이나 되는 사람들도 심심찮게 볼 수 있습니다. 하지만 그들이 과연 진짜 '친구'일까요? 여러분의 SNS 친구 명단을 보면서 갑자기 이사를 하게 됐으니 도와달라고 부탁할 수 있을 만한 친구는 누구인지 생각해 볼까요? 여러분과 주말을 함께 보내기 위해 기차를 타고서라도 와줄 것 같은 친구는 누구인가요? 여러분이 제일 좋아하는 노래 제목을 아는 친구는 누구인가요? 여러분의 반려견 이름을 아는 친구는요? 새해 복 많이 받으라는 인사를 그룹 메시지로 보내지 않고 여러분에게 개인적으로 보낼 것 같은 친구는 누구인가요?

엑토르 말로의 『집 없는 아이』에 등장하는 소년 레미, 빅토르 위고의 『레미제라블』에 나오는 소녀 코제트는 일찍부터 사무치는 외로움에 시달립니다. 이 아이들은 양부모나 그 밖의 어른들과 함께 사는데도 철저히 혼자입니다. 이 아이들의 운명은 부모님과 한 집에서 사랑받으며 살아가는 평범한 아이들의 운명과 자못 다르지요.

특히 브라질, 모로코, 이집트 같은 나라에는 '거리의 아이들'이 적지 않습니다. 이 아이들은 아주 어릴 때 부모에게 버림받거나 미아가 된 후로 어른의 보살핌을 받지 못했습니다. 그래서 거리에서 먹고 자며 가난, 불의, 무시 속에서도 어떻게든 살아남으려고 몸부림치지요. 이보다 더 끔찍한 외로움이 있을까요. 이 아이들은 자기 자신 외에는 의지할 데 없이 위험 속에서 살아갑니다. 누구라도 이 아이들에게 못된 짓을 하거나 그들을 노예처럼 부려 먹을 수 있어요.

친구들이 놀이에 끼워주지 않거나 나만 쏙 빼놓고 놀러 가면 따돌림 혹은 거부를 당한 기분이 듭니다. 우리는 이럴 때 외로움이 어떤 감정인지 구체적으로 느끼게 되지요. 나는 고립됐는데 아무도 날 구해주지 않아요. 그러한 기분은 참 씁쓸하지요. 거부당하고 외로움이 사무칠 때는 마치 이런 말을 들은 것 같아요. '우린 널 좋아하지 않아. 우린 네가 필요 없어. 꺼져!' 이건 우리의 기분일 뿐, 정당한 근거가 있는 판단은 아닙니다. 하지만 아이들이 정말로 작정하고 한 아이를 따돌리고 자기네는 그 아이랑 어울리기 싫다는 표시를 노골적으로 하는 경우도 있습니다. 너는 여기 낄 자격이 없어, 너는 우리랑 놀 수 없어, 우리와 함께 시간을 보낼 생각 하지 마, 라는 메시지를 보내는 거예요. 이것은 일종의 부당한 처벌이고, 악의입니다. 이런 유의 거절은 대개 집단 현상입니다. 학급에서도 놀림이나 괴롭힘을 당하는 '왕따'가 큰 문제가 되곤 합니다.

외로움은 어쩔 수 없는 감정이지만 스스로 선택한 외로움도 있습니다.

아이도 자기가 좋아하는 일에 오롯이 몰두하려고 혼자 있고 싶어 할 때가 있습니다. 혼자서 책을 읽거나, 게임을 하거나, 글을 쓰거나, 그림을 그리고 싶을 때가 있지요. 이때는 자기가 좋아서 잠시 사람들과 거리를 두고 혼자 있기로 선택한 겁니다.

대부분의 시간을 혼자 지내며 작업하는 예술가들의 경우도 마찬가지입니다. 음악가, 작가, 화가가 창작에 완전히 몰두하려면 고독이 필요하지요. 상상력을 발휘하고 뭔가를 만들어내는 데 고독은 필수조건입니다.

연구자도 이러한 고독을 필요로 합니다.

광견병 백신을 발명한 위대한 과학자 파스퇴르는 생각은 혼자 정리했을지언정 연구는 팀과 함께했습니다. 그는 특히 발효에 관한 연구를 팀원들과 함께하면서 중요한 성과들을 거두었습니다. 모든 위대한 학자들에게는 그들과 함께한 팀이 있습니다.

다른 사람과 나눌 수 없는 또 다른 종류의 외로움이 있습니다. 몸이 아플 때는 가족과 친구가 따뜻하게 마음을 써주는데도 심각하게 외로움을 느끼곤 합니다. 아픈 건 당사자니까 어쩔 수 없지요.

마지막으로, 노인이 되어 느끼는 외로움이 있습니다.

유럽도 그렇고, 미국도 그렇고, 사회는 이제 별 쓸모가 없는 노인들을 외로움 속에 방치합니다.

노인들은 이제 일을 하지 않고 가족이나 사회에 경제적 이익을 안겨주지도 않습니다. 그들은 요양원이나 그 밖의 돌봄 시설에 맡겨진 채 점점 잊혀갑니다. 참으로 안타까운 일이지요.

2003년 여름, 프랑스에서 혼자 살면서 기록적인 무더위에 기력을 잃고 사망한 노인이 1만 9000명도 넘었습니다. 연로한 아버지 어머니만 남겨놓고 자식들이 여름휴가를 떠나는 바람에 사망한 경우도 많았지요. 평생 열심히 살다가 나이를 먹고 병든 노인을 나 몰라라 하는 사회는 가족연대의 의미와 가치를 잃어버린 사회입니다.

노인이 좀 더 존중받고 자식과 손자 세대와 더불어 사는 사회들도 있습니다. 마그레브나 그 외 아프리카 여러 나라가 그렇지요. 가까운 이들의 돌봄은 애정의 표시입니다.

잊지 마세요, 여러분이 커서 부모님을 함부로 대한다면 여러분의 자녀가 그 모습을 보고 배워 여러분이 늙고 병들었을 때 똑같이 대할 겁니다.

"나쁜 친구들과 사귀는 것보다는 혼자 있는 편이 낫다"는 말이 있습니다. 여러분은 단지 혼자 있기 싫다는 이유로 마음에 들지 않는 사람들과 어울릴 수 있나요?

우정은 일종의 사랑입니다.

하지만 사랑은 정신적이고 육체적인 끌림이 있음을 암시합니다. 이것은 육체적 사랑이지요.

사랑은 상대를 행복하게 해주고 싶은 욕망이 따라오고 그러한 욕망으로 표현됩니다. 사람들은 자주 사랑과 소유를 혼동합니다. 사랑은 호의가 우러나는 긍정적 상태입니다. 사랑하는 사람을 소유하려 드는 것은 상대의 자유를 망치고 나의 이기심을 드러냅니다.

사랑에는 여러 단계가 있습니다.

'**열정**'은 미친 듯이 뜨겁게 타오르는 사랑입니다. 그 사람에 대한 생각에서 한시도 벗어날 수 없고 늘 그 사람과 함께 있고만 싶습니다. 그 사람의 좋은 점만 보이고, 그 사람을 무엇보다 우선시하게 되고, 누구하고 비교해도 그 사람이 제일 좋습니다. 요컨대, 이성이나 판단력이 작용하지 않을 만큼 사랑에 푹 빠진 것입니다. 우리에게 일어나는 모든 일이 그 사람을 중심으로 돌아가고 이 감정이 너무나 강해서 평생 갈 것 같은 기분이 듭니다.

사랑의 생생한 효과, 이른바 '첫눈에 반한' 기분은 일시적입니다. 그러나 진정한 사랑은 영원합니다. 자신이 얼마나 강렬한 감정을 느끼는지 표현하고 싶을 때 '영원한 사랑'이라는 말도 하지요. .

사랑에 빠진 사람은 기쁜 동시에 불안합니다. 사랑하고 사랑받는 동안은 행복하지만 언젠가 이 사랑이 식거나 사라질 수 있다는 것을 알기 때문이지요. 사랑은 누가 시킨다고 생기는 감정이 아니므로 사랑이 언제나 똑같이 뜨겁기를, 언제나 똑같이 강렬하기를 강요한다는 것은 불가능합니다. 프랑스 가수 샤를 아즈나부르의 노래에는 이런 가사가 있지요. "사랑은 해가 지듯 가버리네, 가버리네, 사랑은……"

사랑은 주는 것, 그리고 받기를 원하는 것입니다.

사랑은 내가 선택한 타인의 호의적인 시선을 통하여 나 자신을 만들어가는 것입니다.

부모, 형제, 자매와 주고받는 자연스러운 사랑이 있습니다. 하지만 이런 사랑도 늘 무조건 자동으로 생기는 것은 아닙니다. 부모 중 어느 한쪽, 혹은 두 사람 모두에게 충분히 사랑받지 못해서 괴로워하는 사람도 많습니다. 부모에게 사랑받지 못하면 자기 자신을 구축하는 데 어려움을 겪습니다.

형제자매 간에는 당연히 애정이 있지만 시기와 질투도 있습니다.

다른 사람을 사랑하려면 먼저 자기 자신을 사랑해야 합니다. 자기를 지나치게 사랑하거나 자기만 사랑하라는 말이 아닙니다. 건강하고 자연스러운 자기애는 자기를 있는 그대로 받아들이고, 자기 모습 그대로 편하게 살아가며, 타인들에게도 사랑

을 줄 수 있게 합니다. 이런 의미에서 **나르시시즘**이 약간 있는 것도 괜찮습니다. 결코 지나쳐서는 안 되지만요.

스스로 판단하기

여러분은 부잣집에서 태어났고 부모님이 여러분이 원하는 것은 뭐든지 들어주신다고 칩시다. 그런데 이제 막 여러분은 오래오래 사귀고 싶은 상대를 만났습니다. 자, 여러분은 그 사람에게 좋아한다고 고백하면서 여러분이 부자라는 사실도 밝힐 건가요? 만약 밝히고 싶지 않다면 그 이유는 무엇입니까?

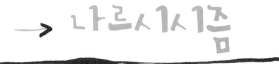

나르시시즘이라는 말은 그리스 신화 속 인물 나르키소스의 이름에서 왔습니다. 나르키소스는 아주 잘생긴 청년이었지요. 그의 어머니는 이런 말을 했습니다. "너는 너 자신의 모습을 보지만 않으면 오래오래 살 수 있단다." 어머니는 어느 예언자에게서 이 말을 듣고 줄곧 기억해왔지요.

하지만 어느 날 나르키소스는 목이 말라서 샘물을 마시려다가 맑은 물에 비친 자기 모습을 보고 말았습니다. 그는 자기 모습에 홀딱 반해서 한시도 그 자리를 떠나지 않고 자신을 물에 비춰보기만 하다가 결국 물에 빠져 죽었습니다. 정도를 모르고 자기를 지나치게 사랑하는 태도를 뜻하는 '나르시시즘'은 이 이야기에서 비롯되었습니다.

나르시시즘을 무조건 거부할 필요는 없습니다. 자신을 어느 정도 사랑해야만 남들도 사랑할 수 있거든요. 자기 자신이 싫을 때, 자기가 못나고 시시한 사람 같을 때, 자기 자신을 믿지 못할 때, 인간관계를 잘 맺기는 확실히 힘들어집니다. 그럴 때는 남들에게 관심을 기울이고, 그들을 좋아하고, 사랑 혹은 우정 같은 관계를 받아들일 수가 없거든요. 절대로 과하지 않게, 조금은 나르시시스트가 되어도 좋습니다.

스스로 판단하기

다른 사람을 사랑하려면 자기를 먼저 사랑해야 한다고들 합니다.
여러분은 어느 정도까지 자기 자신을 사랑해야 한다고 생각하나요?

원칙적으로, 아름다운 것은 명백히 알 수 있습니다. 눈에 딱 보이니까요. 그렇지만 저마다 아름다움의 기준이 다릅니다. 신체적이고 조형적인 아름다움, 몸이나 이목구비의 아름다움, 그리고 영혼의 아름다움도 있습니다. 이 아름다움은 내적인 것으로, 당장은 알아차릴 수 없습니다.

위대한 예술가들, 가령 고대 그리스의 조각가들은 미의 몇 가지 기준을 우리에게 알려주려 했던 것 같습니다. 조화(형태와 양감의 균형)가 바로 그러한 기준에 해당하지요.

아름다움은 개인적이고 주관적이고 상대적인 것입니다.

개인적이라는 말은, 아름다움이 어떠해야 한다는 생각을 각자가 한다는 뜻입니다.

주관적이라는 말은, 아름다움이 의견의 대상이라는 뜻입니다. '나에게는 이 풍경 혹은 이 인물이 와닿네'라고 생각한다면 그건 전적으로 나의 관점이지요.

상대적이라는 말은, 절대미라는 것이 없다는 뜻입니다. 훌륭한 예술품, 너그럽고 용기 있는 인물, 그러한 인물이 인류에게 베푼 선행의 아름다움에는 모두가 어느 정도 동의하지만 말입니다. 가령, 비폭력 운동의 사도 간디나 인종차별에 맞서 인권운동을 펼쳤던 만델라가 아름다운 삶을 살았다는 데는 대부분 동의할 테지요.

피카소의 〈아비뇽의 처녀들〉 같은 그림도 위대하고 아름다운 그림이라고 말할 수 있을 겁니다.

아름다움에 대해서는 의견이 분분합니다. 때로는 아름다움이 강요되기도 하지요. **추**는 또 다른 문제입니다.

스스로 판단하기

아름다움에 대한 평가는 상대적이라고 합니다. 여러분은 절대미, 다시 말해 세상 모든 사람이 아름답다고 동의할 만한 예술품이나 인물이 있다고 생각하나요?

✳

추는 미의 반대라고 말할 수 있습니다. 하지만 이 말은 많은 것을 가르쳐주지 않습니다. 추함도 아름다움과 마찬가지로 주관적으로 감지됩니다. 그러니까 이건 미와 추를 판단하는 사람의 기질과 교양에 달려 있는 상대적 취향의 문제입니다.

아름다움이나 추함은 감정을 불러일으킬 수 있습니다. 어떨 때는 만족감과 행복을 느끼지만 또 어떨 때는 역겹고 심란하거나 당황스럽고 실망스럽습니다.

추함을 알아보고 판단하는 것은 사람보다 사물이 대상일 때가 더 쉽습니다. 아무렇게나 지은 건물은 추하게 보일 수 있습니다. 가구나 자동차의 형태가 보기 싫을 때 그 물건이 보기 싫다고 말한다고 해서 딱히 비난을 받지는 않습니다.

반면, 사람의 외모에 대해서는 일반적인 미의 기준에 들어맞지 않더라도 그런 말을 곧이곧대로 했다가는 그 사람에게 상처를 줄 수도 있습니다. 남의 외모에 대해서는 아무 언급을 하지 않는 편이 낫습니다. 우리는 타고난 외모에 대해서 아무 책임이 없습니다.

정신의 추함은 비난받을 만합니다. 타인에게 못되게 행동하는 사람, 남에게 학대, 모욕, 도둑질, 모독, 박해를 하는 사람은 용납할 수 없는 짓을 한 것입니다. 차별, 증오, 불의, 멸시가 그러한 행동에 해당합니다.

정신의 추함을 고발하고 비난하기를 주저해서는 안 됩니다. 정신의 추함은 타인들에게 가하는 폭력입니다.

스스로 판단하기

추한 신체에 깃든 아름다운 영혼과 아름다운 신체에 깃든 추한 영혼,
여러분은 둘 중 어느 쪽이 낫다고 생각하나요?

삶은 폭력입니다. 살아 있는 것은 숨 쉬고, 일하고, 걷고, 달리고, 뭔가를 실현하는 한, 필연적으로 과격한 데가 있습니다. 살아 있는 존재는 사회 속에서 자기 자리를 찾기 위해 몸부림치고 그러다 보니 폭력적이 됩니다.

삶은 결코 흔히들 말하는 '유유히 흐르는 큰 강'이 아닙니다. 자연은 평화로울 때조차 살아 있기 때문에 생기가 느껴집니다. 초목은 숨을 쉬고 악천후에 버티기 위해 안간힘을 씁니다. 나무들도 서로 소통한다는 것을 아나요? 어떤 나무들은 쓴 액체를 분비해서 나뭇잎을 뜯어 먹으러 오는 동물들을 쫓아버리지요! 그것이 그 나무들의 방어 수단입니다.

우리는 삶의 폭력성, 자연의 폭력성에 대해서도 얘기를 해볼 수 있습니다. 화산 분출, 지진, 강의 범람, 호우, 폭풍우, 태풍 등 인간의 삶을 뒤흔드는 자연재해는 참으로 폭력적이지요.

그리고 인간이 저지르는 폭력, 암암리에 벌어지는 사악한 폭력도 있습니다. 성난

인간은 자기 마음대로 일이 풀리지 않아서 분노합니다. 분노는 모든 인간이 내면에 품고 있는 폭력의 한 가지 표현입니다.

삶은 투쟁입니다. 아무것도 공짜로 주어지지 않습니다. 월급을 받으려면 일을 해야 합니다. 직장생활, 사회생활에서 한 계단 한 계단 올라가려면 열심히 노력해야 합니다. 끈기 있게 버텨야 합니다.

어떤 사람들은 자기가 하고 싶어 하는 일이 불법인데도 하기로 마음먹습니다. 그들은 폭력을, 다시 말해 무력과 야만을 택한 것입니다.

스스로 판단하기

여러분은 살다 보면 폭력이 불가피하다고 생각하나요?
폭력을 절대 쓰지 않는 것도 일종의 약점일까요?

야만은 잔인하고 무자비한 폭력입니다.

야만은 타인을 함부로 대하고 상대에게 일말의 관심이나 배려를 쏟지 않는 태도입니다. 무례하고 상의 없이 일방적이고, 타협이나 양보가 없고, 아무것도 알고 싶어 하지 않는 사람은 야만적입니다. 야만적인 사람은 뭔가를 하기 전에 미리 상의하거나 알리지 않습니다. 예고도 없이, 행동의 결과를 생각지 않고 충격을 일으킴

니다.

자연에도 야만이 있습니다. 동물도 공격을 당하거나 먹이를 빼앗기면 야만적으로 날뛰곤 하지요. 하지만 동물은 대개 어쩔 수 없을 때만 야만적인 행동을 보입니다. 여우도 닭을 열 마리 죽여놓고 딱 한 마리만 잡아먹을 때가 있기는 합니다. 그래도 동물은 인간이 벌이는 것 같은 전쟁은 하지 않습니다.

전쟁에도 법과 규칙이 있습니다. 그러한 법과 규칙은 국제사회에서 여러 국가가 체결하는 협정을 통해 정의합니다.

죄 없는 이들을 학살하는 것은 명백한 극도의 야만입니다. 역사에는 유대인을 불태워 죽인 일도 있었고, 1994년에 르완다 후투족이 투치족을 죽였던 것처럼 종족이 다르다는 이유로 학살을 저지른 일도 있었지요. 폭력은 맹목적 범죄가 될 수 있습니다.

스스로 판단하기

라틴어 '브루투스(brutus)'는 '어리석은, 상스러운'이라는 뜻으로, 옛날에는 동물에게
지능이 아예 없다고 생각했기 때문에 이 단어를 쓰곤 했습니다.
여러분은 야만적인 말과 행동을 하고 나서 자신이 '바보'처럼 느껴진 적이 있나요?
그럴 때 어떤 기분이 드나요?

＊

→ 집단학살

집단학살은 많은 사람을 철저하게, 야만적으로 죽이는 것입니다. 그 대상은 특정 인종이 될 수도 있고 어떤 종교를 따르는 무리일 수도 있습니다. 집단학살을 저지르기로 결심한 사람은 '최종적이고 결정적인 해결책'에 착수합니다. 제2차 세계대전 당시 히틀러는 온 세상 유대인을 모조리 죽일 작정이었습니다. 그것이 히틀러의 집착, 히틀러의 계획이었습니다. 단지 유대인이라는 이유로 그에게 죽임을 당한 사람이 자그마치 600만 명입니다. 이것이 쇼아(Shoah), 히브리어로 '멸절'입니다. 멸절은 완전히 근본적인 파괴를 뜻합니다.

유대인 학살 이전에도 인종 말살은 여러 차례 있었습니다. 아메리카 인디언, 아르메니아인(1915-1917), 캄보디아인(1975-1979), 그리고 좀 더 최근에는 르완다 투치족(1994)이 죽음을 당했지요.

집단학살은 인류에 반하는 범죄입니다. 이 범죄는 그 무엇으로도 지울 수 없고 정의는 그런 짓을 저지른 자들을, 아무리 시간이 오래 흘러도 끝까지 추적해야 마땅합니다.

네덜란드 헤이그에는 국제형사재판소가 있습니다. 이 재판소는 전쟁범죄를 저지른 사람들을 추적합니다. 국제형사재판소는 유엔 산하에 있지만 미국의 인정을 받지 못하고 있습니다. 여기서 구(舊) 유고슬라비아 분쟁, 르완다 분쟁, 그 외 아프리카 여러 나라 분쟁의 전범들이 재판을 받았지요.

미국의 영화감독 우디 앨런은 죽음에 대해서 이렇게 말했지요. "죽음을 두려워해서가 아니라 단지 죽음이 찾아올 때 나는 그 자리에 없었으면 좋겠습니다."

우리는 모두 죽습니다. 어른이 된 인간이 단 하나 확신할 수 있는 사실이지요. 어린아이는 자기가 죽는다는 것을 모릅니다. 아이는 아름다운 생의 약동 속에서 삽니다.

죽음은 존재를 멈추는 것입니다. 심장 박동이 멈추면 모든 것이 끝납니다. 몸은 생기를 잃습니다. 몸은 물건처럼, 널빤지처럼, 차가운 대리석 덩어리처럼 변합니다.

하지만 우리가 죽음이라고 부르는 것은 아무것도 아닙니다. 죽기 전에 감내해야 하는 질병과 고통이 더 괴롭지요. 죽음 이후에 무엇이 우리를 기다리는지 모르기 때문에 알 수 없는 그 무엇이 두렵기는 합니다. 단 하나의 신을 믿는 종교, 이른바 유일신교는 천국과 지옥, 최후의 심판을 말합니다. 하지만 그런 것은 신앙의 문제입니다.

나의 어머니는 죽음을 두려워하지 않았습니다. "죽어서 신과 예언자를 만나 뵙는다면 얼마나 기쁘겠니"라고 하셨지요.

우리는 살면서 인간이 나이, 재산, 유명세, 행운 따위에 상관없이 누구나 죽는다는 사실을 잊으면 안 됩니다. 우리는 벌거벗은 몸으로 태어나 벌거벗은 몸으로 돌아갑니다. 우리는 무덤에 아무것도 가져갈 수 없습니다. 호화로운 궁전도, 귀한 장신구도, 금은보화도, 아름다움도 가져갈 수 없습니다.

스스로 판단하기

사는 것은 죽음을 배우는 것이라고 합니다. 여러분은 언제부터 죽음을 받아들일 준비를 해야 한다고 생각하나요? 살아 있는 내내? 병이 든 순간부터?
혹은, 나이가 많이 들고 나서부터?

자살은 스스로 목숨을 끊는 것입니다. 세상을 떠날 날짜와 시각을 정해서 자기 자신을 죽이는 겁니다. 물론 자기를 없애는 방법도 고를 수 있습니다. 수면제를 한 움큼 삼키거나, 목을 매거나, 창문에서 뛰어내리거나, 달리는 열차 앞으로 뛰어들거나……

자살은 자유의 표현입니다. 스스로 결정하고 자유로이 행동하는 개인이 취할 수 있는 선택지 중 하나이지요.

유대교, 그리스도교, 이슬람교라는 3대 유일신교는 자살을 엄격히 금지합니다.

그러한 행위를 신에 대한 도전이요, 도발로 보기 때문이지요. 종교에서는 신만이 개인의 죽음을 결정합니다.

때때로 자살 기도는 삶을 더는 원치 않는 사람이 보내는 일종의 구조 요청입니다. 죽고 싶은 그의 마음은 진심이지만 누군가가 손을 내민다면 그 손을 잡겠지요.

답이 없어 보이는 고통스러운 상황을 겪고 나면 자살하고 싶다는 생각이 들 수 있습니다. 그럴 때는 모든 것이 암울하게만 보이지요.

하지만 그런 기분도 결국은 지나간다는 것을, 위기는 일시적이라는 것을 알아야 합니다. 먹구름이 지나가기를 기다릴 줄 알아야지요. 그러자면 사람들을 만나고 우리의 고통을 털어놓기를 망설이지 말아야 합니다. 남들이 우리 고통을 없애주지는 못해도 우리가 고통에 좀 더 잘 대처하고 좀 더 자유로워지도록 도와줄 수는 있습니다. 그러니까, 고통을 말로 표현하는 것이 아주 중요합니다. 학교에서 심하게 따돌림 당하는 피해자들은 종종 죽고 싶다는 생각을 합니다. 이때도 어른들에게 도움을 받으려면 일단 말을 해야 합니다.

절대로 침묵하지 마세요. 괴롭힘을 고발하기를 두려워하지 마세요. 그건 꼭 해야 하는 말입니다. 실제로 일어난 일을 말하고 도움을 청하는 것은 결코 부끄러운 일이 아닙니다.

최근 어떤 중학교 1학년 학생이 다른 학생들에게 놀림과 공격을 집중적으로 당하다가 자살을 기도한 사건이 있었지요. 다행히도 그 학생은 죽지 않았습니다. 나중에 그는 못된 친구들 때문에 자신의 귀한 목숨을 끊을 필요가 없다는 것을 깨달았다고 해요.

사회는 다수의 개인으로 이루어져 있습니다. 각각의 사람은 유일무이한 존재로서의 개인입니다.

세상에 그와 완전히 똑같은 사람은 아무도 없다는 점에서, 그는 유일무이합니다. 개인은 자기정체성, 기질, 고유한 성격이 있기 때문에 독특합니다. 일란성 쌍둥이는 외모가 흡사하고 성격도 비슷할 수 있습니다. 하지만 그들도 결코 완전히 똑같지는 않습니다.

민주 사회의 기반은 개인을 인정하는 것입니다.

그러한 기반은 개인을 권리와 의무를 지닌 시민으로 상정합니다. 한 개인의 목소리는 그 사람의 성별, 출신, 사회적 지위와 상관없이 다른 개인의 목소리와 똑같은 중요성을 띱니다. 여기서 투표가 나왔습니다. 대표자를 선발하기 위한 투표, 자기 목소리 내기는 민주주의를 실천하는 일입니다. 전체 투표자의 절반에서 한 표만 더 얻어도 그 후보 혹은 그 의견은 과반수를 획득한 것입니다.

모든 사회가 개인을 인정하지는 않습니다. 요컨대, 모든 사회가 **민주주의**를 표방

한다고 말할 수는 없습니다. 가령, 아랍권 국가들은 개인을 중시하지 않아요. 그쪽에서는 씨족, 부족, 가족을 더 중시합니다.

개인을 인정한다는 것은 다른 사람들도 모두 동일한 권리를 누리고 행사하는 것을 받아들인다는 의미입니다. 그리고 권리의 평등에는 의무도 따릅니다. 더불어 살기 위해서는 사람들 사이에 불평등을 심어서는 안 되고 모두가 공동선에 참여해야 합니다. 인간은 언제나 다른 인간을 지배하려고 합니다. 그러다 보니 노예제도도 생겼던 것입니다. 노예는 어떤 권리도 누리지 못합니다. 노예는 그를 사들인 주인의 것입니다. 흡사 물건 같은 존재, 모든 권리를 박탈당한 존재이지요.

스스로 판단하기

여러분은 과연 자신이 대체할 수 없는 '유일무이한' 사람이고
자신만의 고유한 성격을 지닌 '독특한' 사람이라고 생각하나요?

민주주의

민주주의는 국민이 권력을 갖는 것입니다.

그리스어 '데모스(demos)'는 '국민, 민중'이라는 뜻이고 '크라토스(kratos)'는 '권력'을 뜻합니다.

19세기에 암살당한 미국 대통령 에이브러햄 링컨(1809-1865)이 남긴 유명한 말이

있지요.

"민주주의는 국민의, 국민에 의한, 국민을 위한 정치입니다."

민주주의는 한 사회의 모든 시민이 평등하다고, 다시 말해 동일한 권리와 의무를 지닌다고 보는 정치 체제입니다. 시민은 부유하든 가난하든, 공부를 많이 했든 글을 읽고 쓸 줄 모르든, 키가 크든 작든, 모두 법과 정의 앞에서 평등합니다.

모든 개인은 선거에서 한 표를 행사할 수 있습니다. 그리고 한 표 한 표의 가치는 모두 동등합니다.

민주주의는 다른 사람에게 나의 재화를 빼앗기지 않고, 시민의 의무를 행사하는 것을 방해받지 않고, 나와 타인이 서로 자유를 존중하기 위해 일련의 규칙들을 전제합니다. 민주주의는 법을 존중한다는 조건에서 모든 시민의 안전을 보장합니다.

삶이 싸움과 혼란의 연속이 되어 모두가 힘들고 불편해지는 것을 막으려면 모두의 합의가 필요합니다.

학교에도 일종의 민주주의가 존재합니다. 모든 학생은 법 앞에 평등하고 성적으로 차별받지 않습니다. 학급 수칙은 단순합니다. 시간표를 지키고, 선생님들을 존중하고, 수업에 참여하고, 다른 학생 답안지를 베끼지 않고, 정당한 이유 없이 결석하지 않고, 소란 피우지 않고, 친구에게 시비 걸지 않고, 신체나 정신의 어려움이 있는 학생을 놀리지 않고, 교실을 즐겁게 배우는 공간으로 삼는 것이 기본이지요.

학급에서도 반장 혹은 회장이라는 대표를 뽑아서 민주주의를 실천할 수 있습니다. 모든 학생이 투표에 참여하여 대표를 뽑으면 그 대표는 학생대표회에서 이런저런 안건을 다룰 것입니다. 학급 대표는 자신을 뽑아준 학생들에게 이로운 방향으로 학교생활이 전개되도록 노력해야합니다.

1947년 영국 총리 윈스턴 처칠은 "민주주의는 다른 모든 체제들을 배제하는 최악의 정치체제"라고 했습니다. 정치인들은 이 말을 자주 들먹거리곤 했지요. 이 말은 민주주의는 완벽한 정치 체제가 아니지만 더 나은 체제를 찾아볼 수도 없다는 뜻입니다.

어쨌든 민주주의에서는 국민이 자기들을 대표하는 정치인들을 통제할 수 있습니다. 사실, 민주주의는 다른 사람들과 평화롭고 조화롭게 살아가려는 시민의 의지를 반영합니다.

그러나 민주주의가 전쟁을 막거나 보잘것없는 인간이 권력을 잡는 것을 막지는 못합니다.

스스로 판단하기

학교는 민주주의를 배울 수 있는 곳입니까? 만약 그렇다면 어떻게 배울 수 있을까요?

→ 권리*

라틴어 '디렉투스(directus)'는 직선상에 있는 것, 올바르고 직접적인 것을 뜻합니다. 권리는 직선으로 뻗은 길 외에는 용납하지 않습니다. 피해서 가거나, 지름길로 가거나, 빙 둘러갈 수 없습니다.

이 직선에서 벗어나면 실수를, 나아가 과오를 범하게 됩니다.

"내가 제일 힘이 세. 그러니까 나는 너를 때릴 권리가 있어." 그런 건 권리가 아닙니다. 진정한 권리가 뭔지도 모르는, 심각한 과오인 셈이지요.

평화로운 사회에서 너불어 질 살기 위해시는 규칙을 통해 무엇이 허용되고 무엇이 금지되는지 알 필요가 있습니다. 우리는 그 규칙을 어기지 않기로 약속합니다. 그러지 않으면 함께 살아갈 수가 없으니까요.

권리에는 예외가 없습니다. 모든 사람에게, 어떤 상황에서나 똑같이 적용됩니다.

모든 아이에게는 그 아이의 권리가 있습니다. 교육의 권리도 그 예입니다. 국가는 학교를 짓고, 교사를 키우고 고용해서 월급을 주고, 교육 프로그램이 잘 돌아가는지 살필 의무가 있습니다.

가정은 아이를 학교에 입학시키고 학교생활을 방해하지 않을 의무가 있습니다. 안타깝게도 자녀를 학교에 보내지 않으려 하는 부모들도 있습니다. 특히 자녀가 딸이라면, 모로코의 시골 지역 같은 데서는 학교에 보내지 않습니다. 어릴 때는 학교에 보냈던 부모도 딸이 사춘기에 접어들면 학교에 못 가게 하기도 하지요. 국가와 여러 단체가 이러한 악습을 몰아내기 위해 노력하고 있습니다.

아이는 어른이 함부로 자기 몸을 만지거나 자기를 이용하려 할 때 거부할 권리가 있습니다. 이러한 권리는 오랫동안 진지하게 고려되지 못했기 때문에 더욱더 중요합니다. 아이들의 순진함을 이용해 성관계를 맺으려고 하는 못된 어른들이 있습니다. 이러한 어른들의 성향을 소아성애라고 하는데요, 이 문제는 뒤에서 좀 더 자

---

* 프랑스어에서 '권리, 직선적인, 법, 바른 등'을 뜻하는 'droit'라는 단어는 라틴어 '디렉투스(directus)'에서 만들어졌습니다. 저자는 본문에서 '권리와 법'이라는 뜻을 중심으로 모든 뜻을 아우르며 설명하고 있습니다.

세히 다루겠습니다.

모두에게 적용되는 법 외에도 사회 및 경제 생활의 각 영역을 다스리는 특수한 법이 있습니다. 노동법, 해양법, 상법, 공동소유에 관한 법 등이 여기에 해당합니다.

우리는 주어진 규칙에서 벗어나지 않고 약속을 잘 지키는 사람을 보고 '바르다'고 합니다. 그런 사람은 정직하고 정의롭고 믿음직합니다. 그런 사람은 신뢰할 수 있습니다.

재판소는 법을 기준으로 옳고 그름을 가려야 할 때 그 판단을 내리는 곳, 정의를 구현하는 곳입니다.

스스로 판단하기

여러분이 무엇이든 할 수 있는 권리를 지녔다고 생각해 보세요.
어떤 일이 일어날까요?

자연법이라는 것이 있습니다. 자연법은 말 그대로 인간의 자연스러운 본성에 부합하는 법입니다. 생명을 지키고 각자의 소유를 지킬 권리, 이른바 '인권'과 관련된 법이라고 할 수 있지요.

반면에, 실정법이라는 것도 있습니다. 실정법은 강자든 약자든 상관없이 모두가 평화롭게 살아갈 수 있도록 사회가 정해놓은 규칙들로 이루어져 있지요.

원칙적으로 정의는 모두에게 똑같이 적용되어야 합니다. 예외를 두지 않아야 하고, 특혜를 주어서는 안 됩니다. 여기서 말하는 특혜는 법을 위반했는데도 책임을 추궁당하지 않고 재판도 받지 않는 차별적 권리라고 할까요. 또한 정당한 근거 없이 함부로 심판을 해서도 안 됩니다.

정의는 적확해야 합니다. 재판에서는 형평의 원리, 다시 말해 평등이 제대로 실현되어야 합니다. 우리는 모두 이성을 지닌 존재들이기 때문에 사법부의 결정을 이해하거나, 논의하거나, 법이 마련한 절차에 따라 반박할 수 있습니다. 모든 사람은 이런 식으로 자신의 존엄성을 인정받습니다. 또한 이런 과정을 통해 법과 권리는 정의로운 것으로 인정받습니다.

법에 따른 심판은 판사, 법관, 배심원 등이 맡습니다. 여기서 배심원이란 법률 전문가가 아닌 일반 시민 가운데 무작위로 선발되어 재판에 참여하는 사람을 가리킵니다. 배심원들은 재판을 지켜보고 나중에 모여서 투표로 피고의 유죄, 무죄 여부를 판단하고 적절한 처벌의 수준에 대해서 의견을 냅니다.

그런데 사명감을 가지고 법에 종사한다고 해도 인간인 이상 실수가 있을 수 있습니다. 다시 말해, 정의에 어긋나는 재판 결과가 나올 수도 있지요. 이러한 경우를 '오심(誤審)'이라고 합니다.

정의의 가장 큰 적은 **부패**입니다. 일례로, 판사에게 슬쩍 돈을 주고 용의자를 잘

---

* 프랑스어 'justice'는 정의, 사법이라는 뜻을 모두 가지고 있습니다. 저자는 이 본문에서 정의, 그리고 정의를 구현하기 위한 사법 제도에 대해 함께 설명합니다.

봐달라고 하는 썩어빠진 사람들이 있지요.

어느 쪽으로도 기울어지지 않은 천칭은 늘 정의의 상징이 되어왔습니다. 정의롭다는 것은 심판의 대상을 더 잘 봐주지도 않고 더 불리하게 몰아가지도 않는 중립적 균형을 지킨다는 뜻입니다. 또한 분배에 있어서 모두가 공평하게 똑같은 몫을 차지하는 것이기도 합니다.

양심 없이는 정의도 없습니다. 판사는 '양심과 영혼에 비추어' 판결을 내립니다. 공정하게 생각했을 때 피고가 무죄 혹은 유죄라는 마음의 확신이 들어서 그 확신에 따라 판결을 내린 것이지요.

하지만 사람 하는 일에는 늘 실수가 있을 수 있지요.

그래서 철학자 알랭은 이런 말을 하기도 했습니다. "정의는 실현하기 어려운 것으로, 다리를 하나 놓거나 터널을 뚫는 것보다 어렵다." 그런데 부당함, 불공정은 굉장히 참기 어려운 것입니다. 죄 없는 사람이 유죄 선고를 받는 것만큼 부당한 일은 없습니다. 오죽하면 "죄 없는 사람을 감옥에 넣는 것보다는 죄지은 사람이 풀려나는 편이 낫다"는 말이 있을까요.

프랑스의 계몽주의 철학자 볼테르도 1747년 작 『자디그 또는 운명』에서 이렇게 말했습니다. "죄 없는 자를 벌주려 하기보다는 죄인을 구제해보려 하는 편이 낫다."

89

스스로 판단하기

만약 여러분이 배심원*이 된다면 특히 어떤 것에 유의하고 신경을 써야 한다고 생각하나요?

---

* 법조인이 아닌 일반 시민이 재판 과정에 참여하여 범죄의 사실 여부를 판단하는 배심제는 영미권 국가에서 중요한 제도입니다. 대한민국에서는 2008년부터 국민참여재판제도를 통해 배심원 참여가 가능하지만 강제력은 없습니다.

존엄성

인간은 존엄성에 근거해 있지만 역으로 존엄성 역시 인간에 근거해 있습니다. 그래서 우리는 존중받아야 하는 존재이자 문명화된 존재입니다. 우리는 모두 자신의 존엄을 지킬 권리가 있습니다.

누군가를 공개적으로 모욕하거나 망신을 주고 열등한 존재 혹은 노예 취급하는 것은 이러한 인간의 본질적인 부분을 부정하는 최악의 행동입니다. 수백 년 동안 세계 도처에 존속했던 노예제도는 인간의 존엄이 완전히 부정당했던, 가장 명백한 예입니다.

여러분이 다른 사람을 멸시하고 자기가 그 사람보다 우월한 것처럼 생각하고 행동한다면 여러분은 그 사람의 존엄성을 침해한 거예요. 반대로 여러분이 누군가에게 그런 대우를 받는다고 상상해보세요. 누군가가 여러분을 모욕하고 여러분의 존엄성을 짓밟는다면 무척 서럽겠지요. 평소에 이런 생각을 해본다면 자칫 다른 사람의 존엄을 침해하는 행동은 하지 않을 거예요.

독일의 철학자 니체는 다른 사람에게 창피를 주는 것만큼 나쁜 행동이 없다고 했습니다. 창피를 준다는 것은 그 사람을 멸시하기 때문에 가능한 일이지요. 그리고 멸시는 상대의 존엄을 고려하지 않는 겁니다.

존엄성이란 나를 권리와 의무를 지닌 한 인간으로 규정하는 것입니다. 나의 올바름과 공평함을 규정하는 것이기도 하고요. 존엄성을 존중한다면 누군가의 약점을 이용해 그 사람을 내치거나 상대가 자기 뜻으로 주지 않는 것을 빼앗아 내 것으로 삼을 수 없습니다. 예를 들어, 내가 어떤 친구가 몸이 약하고 겁이 많고 자신감이 부족하다는 걸 안다고 칩시다. 그래서 나는 그의 돈과 물건을 빼앗고 원래 내가 해야 할 일을 그에게 시켰습니다. 이 경우 나는 그의 존엄성, 그의 인간다움을 무시한 겁니다. 그래서 노예, 외세에 점령당한 국민, 압제에 시달리는 사람들은 "무릎을 꿇느니 죽는 게 낫다"고 하기도 합니다.

스스로 판단하기

철학자 블레즈 파스칼은 우리 인간의 존엄성은 사유하는 능력에 있다고 했습니다. 그는 또한 광대한 우주 속에서 우리 인간은 생각하는 갈대에 지나지 않는다고 했지요. 하지만 우리는 생각을 한다는 바로 그 능력 덕분에 결코 사라지지 않는 가치를 지닙니다. 어떤 사람이 직장을 잃고 땡전 한 푼 없이 길가에 나앉았습니다. 그렇다면 이 사람의 존엄성도 그만큼 떨어진 걸까요? 여러분의 생각을 말해보세요.

의식과 무의식

인간은 의식이 있습니다. 인간은 자기가 누구인지, 자기가 어디에 있는지 압니다. 동물은 인간처럼 의식이 있는 존재라고 말하기가 애매합니다. 동물도 영리하고, 정 많고, 의리를 지킬 수 있습니다. 그렇지만 인간에 대해서 말하는 것과 같은 의미로 의식을 하지는 않습니다. 동물은 인간처럼 생각을 하거나 자기가 세상에서 살아가고 있음을 실감하지 않습니다.

의식이 있다는 것은 살아 있다는 표시입니다. 나는 내가 어디에 있는지, 무슨 일을 하는지, 왜 그 일을 하는지, 그로써 어떤 결과가 일어날 수 있는지 등을 압니다.

기절을 했는데 깨어나지 못하는 상태를 두고 으레 '의식이 없다'고 하지요. '의식이 돌아오지 않는다'라고도 하고요. 이것은 정신이 현재에 존재하지 못하는 상태입니다. 그야말로 무의식이지요. 그러다가 그 사람이 깨어나 다시 사유, 말, 행동을 할 수 있게 되면 의식이 돌아온 것입니다.

프랑스어에서 '좋은 의식(bonne conscience, 양심)'이라는 표현은 뭔가를 아주 잘 의식한다는 뜻이 아니라 자신의 도덕심, 자신의 원칙과 부합한다는 뜻입니다. 친구를 배신하거나 남편(아내) 몰래 바람을 피운 사람은 양심이 없는 것이지요. 그런 사람은 마음이 편하지 않습니다. 죄의식이 들기도 하고 후회도 하지요. 친구 혹은 배우자의 신뢰를 저버린 사람은 그 거짓된 말과 행동으로 인해 비겁해집니다.

무의식은 뭘까요? 자기도 모르는 사이에 정신 안에서 일어나는 움직임이지요. 무의식은 주로 밤에 우리가 잠자는 동안, 우리가 정신 활동을 통제하지 못하고 꿈을 꾸는 동안 활발해집니다.

꿈에는 우리의 의식이 깨어 있는 동안 억압했던 것, 우리가 보지 않으려 했던 것이 자주 나옵니다. 뭔가 죄스러운 상상을 했다고 칩시다. 나는 나와 가상 친한 친구의 여자친구와 데이트를 하고 싶지만 그러면 안 된다는 것을 알기 때문에 이 욕망은 무의식으로 보내버립니다. 이게 바로 억압입니다. 억압은 욕망을 의식 밖으로 쫓아내고 거부하는 것입니다.

몰상식한 짓을 하거나 심각한 과오를 범한 사람에게도 '의식이 없다'는 표현을 씁니다. 이때는 '자기 행동을 단속하지 못하고 하지 않았어야 할 일을 했다'는 의미가 있지요. 달리 말하자면 '자기가 무슨 짓을 하는지도 모르는 것처럼 행동했다'고 할까요.

스스로 판단하기

무의식을 사물에 비유한다면 무엇이 적당할까요? 비밀 서랍? 다락방에 처박힌 오래된 상자? 자전거를 한참 타거나 산책을 갔다가 잠시 거기가 어디인지 의식도 못 하고 지나간 적이 있나요? 하지만 그렇게 의식하지 않은 상태에서도 자전거에서 떨어지거나 다른 사람과 충돌하거나 길을 잃지는 않았을 거예요. 그럴 때 의식의 일부는 생각에 잠기고 몸은 '자동 조종' 상태 비슷하게 움직입니다. 이처럼 우리가 하는 모든 행동이 의식적이지는 않아요. 여러분이 다른 예를 들어볼 수 있을까요?

✳

꿈은 우리의 삶에서 중요한 역할을 해요.

꿈은 무의식이 정신의 한쪽 구석에 쌓아놓은 콤플렉스와 골치 아픈 문제를 설명할 때 아주 중요한 재료입니다. 정신분석의 창시자 지그문트 프로이트는 꿈의 해석 이론을 수립했는데요, 그 이유는 꿈이 의식의 통제에서 빠져나온 순간이며, 풍부한 상징을 담고 있기 때문입니다.

의식의 이면에 있는 것, 꿈이 우리 자신에 대해서 폭로하는 것을 알아차리고 이해하고 싶다면 그러한 상징을 잘 살펴봐야 합니다.

꿈을 꾸려면 잠을 자야 해요. 그런데 잠에서 깨면 꿈이 기억나지 않을 때가 많습니다. 똑같은 꿈을 자주 꾸기도 합니다. 마치 우리에게 뭔가를 말하고 싶은 것처럼, 끈질기게 반복되는 꿈이 있지요. 그래서 정신분석가의 도움을 받아 꿈을 해석하는 것이 유익할 때가 있습니다.

우리가 실제로 잠들었을 때 꾸는 꿈과 **몽상**은 다릅니다. 몽상은 잠이 들지 않았지만 생각이 방향성 없이 이리저리 떠도는 상태에서 꾸는 꿈입니다. 가령, 우리는 인간이 늘 착하기만 하지 않다는 것을 잘 알면서도 아름다움과 평화만이 지배하는 세상을 머릿속으로 그려볼 수 있지요. 아프리카계 미국인으로 흑인에 대한 차별과 맞서 싸웠던 투사 마틴 루서 킹 목사는 어느 시위 현장에서 "나는 꿈이 있습니다"라는 말로 시작하는 유명한 연설을 남겼는데요, 그의 꿈은 흑인과 백인의 평등이 마침내 실현되어 모두가 똑같은 권리를 인정받는 모습을 보는 것이었습니다.

마틴 루서 킹은 1929년에 태어나 1968년 4월 4일에 총에 맞아 죽었습니다.

우리는 모두 꿈이 있습니다. 이를테면 인간이 지구를 좀 더 바르게 대하며 사는 모습을 보는 꿈, 평화와 정의가 세계 어디서나 당연하게 통하는 모습을 보는 꿈……
우리는 완전히 절망하지 않기 위해 그런 꿈이 필요합니다.

스스로 판단하기

여러분의 꿈을 이야기하거나 그림으로 표현해보세요.

✳

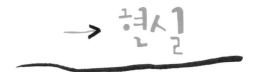

현실은 우리가 주위에서 볼 수 있는 것, 우리의 삶을 이루고 있는 것입니다. 우리 눈에 명백하게 보이는 현실이 있는가 하면 우리의 속마음, 내밀함, 내면의 세계를 이루는 내적 현실도 있습니다.

현실은 가시적이고 측정 가능하며 구체적입니다.

이를테면 현실은 지금 일어나고 있는 상황입니다. 여러분은 어느 특정한 도시, 특정한 동네에서 어느 특정한 학교, 어느 특정한 학급 교실에 앉아 있습니다. 선생님은 지리 수업을 진행하고 계십니다. 그런데 이런 상황에서도 어떤 학생은 교실 안의 가시적인 현실보다 자신의 내적 현실에 더 몰두해 있을 겁니다. 그 학생의 생각은 다른 문제, 다른 계획, 혹은 그 밖의 다른 것에 가 있지요.

현실이 허구(소설, 영화)를 뛰어넘는다는 말을 들어봤나요? 이 말은 살다 보면 때때로 상상도 못한 일, 상상조차 하기 어려운 일이 일어난다는 뜻입니다. 소설이나 영화, 다시 말해 '지어낸 것' 안에서는 작가가 상상한 특별한 상황들이 펼쳐집니다. 하지만 때로는 그렇게 지어낸 것보다 현실이 더 특별하고 더 믿기 어렵답니다.

현실을 지각하는 방식은 당연히 사람에 따라 다릅니다. 학교가 끝나고 집에 가는 길에 사고가 났다고 칩시다. 사고를 목격한 학생이 열 명이면 그 사고를 어떻게 지각했는지는 열 명 다 다를 겁니다. 저마다 자기가 서 있던 위치, 자신의 당시 기분에 따라서 자기가 본 것을 은연중에 자기 방식대로 해석할 테니까요. 현실에 대한 완전히 정확하고 객관적인 지각은 존재하지 않습니다. 그리고 구체성이라는 면에서 현실을 뛰어넘는 것을 **초현실주의**라고 합니다.

스스로 판단하기

나는 사고를 목격한 사람이 열 명이면 열 가지 목격담이 나올 수 있다고 했습니다.
여러분은 이 말에 대해서 어떻게 생각하나요?

✳

부패

아랍어에서 '부패'에 해당하는 단어는 썩어서 자재로 쓸 수 없는 나무를 가리킵니다. 속에서부터 벌레 먹고 썩어버린 나무의 이미지는 참으로 의미심장한데요. 부패는 사회가 정상적으로 돌아가기 위해 기본 토대로 삼는 도덕적 가치가 썩었다는 뜻입니다.

돈으로 어떤 권리를 사들이거나 법의 심판에서 빠져나가는 사람은 범죄를 저지른 겁니다. 진짜 죄를 지은 사람이 벌을 받지 않으면 무고한 사람이 책임을 덮어쓰게 될지도 모릅니다. 그 사람이 감옥에서 고생하는 동안 진짜 죄인은 밖에서 자유롭게 살아가겠지요.

금전적 부패는 뇌물을 써서 자신의 이익을 도모하는 것입니다. 정신적 부패도 있습니다. 다른 사람에게 압력을 행사하여 다 함께 사는 삶의 토대가 되는 도덕적 가치관을 침범하게 만드는 것이지요. 강자에게 잘 보이기 위해서 자신의 존엄을 포기하는 사람은 배신, 거짓, 위장, 사기까지도 저지를 수 있습니다.

뇌물을 주는 사람이 있으면 뇌물을 받는 사람도 있습니다. 잘못은 두 사람 모두에게 있습니다. 둘 다 중죄를 저지른 것이지요.

한 나라에 부패가 성행하면 그 사회는 속에서부터 독이 퍼져 파멸과 재앙에 이릅니다.

부패는 거의 세상 모든 곳에서 일어나고 있습니다. 어떤 나라들은 특히 부패가 심한 걸로 유명하고 또 어떤 나라들은 비교적 청렴한 사회라는 평판이 있습니다. 하지만 부패라는 악은 어디서든, 감옥이 부패를 저지른 죄로 끌려온 사람들로 넘쳐나는데도, 여전히 남아 있습니다.

그렇지만 뇌물을 주고받는 사람들이 정치인이나 공직자라면 그 사회의 문제는 더욱 심각해집니다. 사회가 연대하기 위해 반드시 필요한 존중과 신뢰가 넘아날 수 없으니까요.

부패와 싸우려면 어떻게 해야 할까요? 교육이 한 가지 답이 될 수 있습니다.

부패가 악, 범죄, 비열한 사기라는 것을 잊지 마세요. 원칙을 가르치는 교육만이 부패의 유혹과 싸울 수 있습니다.

가령, 학생이 성적을 잘 받으려고 선생님에게 돈이나 값비싼 선물을 주는 것은 부패한 일입니다. 만약 선생님이 그걸 받고 실제로 그 학생이 받을 자격이 없는 높은 점수를 주었다면 부패한 사람입니다. 선생님과 학생 모두 잘못이 있지요.

스스로 판단하기

어떤 사람은 부패를 저지르고서라도 권력이나 돈을 가지고 싶은 유혹에 좀체 저항하지 못합니다. 여러분이 그 사람에게 유혹에 넘어가면 안 된다고 말려야 한다면 어떤 말로 설득을 하겠습니까? "그건 나쁜 짓이야"라는 말로는 충분하지 않고 타당한 이유를 들어야 합니다.

✱

인간이 돈을 만들기 전에는 물물교환을 했습니다. 다시 말해, 어떤 물건을 가지고 싶으면 그 대가로 그 물건과 동등한 가치가 있는 다른 물건을 내놓아야만 했지요.

돈, 즉 화폐의 기반에는 모두가 합의하는 상징이 있습니다. 처음에는 금화나 은화를 썼지요. 금과 은은 흔하지 않아서 귀하게 여겨지는 금속이니까요. 그다음에는 종이로 돈을 찍어서 썼습니다. 이것이 지폐입니다. 지폐에는 그에 해당하는 금액이 표시되어 있습니다. 지폐는 원칙적으로 모방해서 만들어낼 수 없습니다. 하지만 가짜 돈을 만드는 사람들도 있긴 하지요. 이런 사람들을 위조지폐범이라고 합니다. 은행권을 가짜로 만드는 일은 법으로 처벌받습니다.

돈은 목적이 아니라 수단입니다. 내 어머니는 이렇게 말씀하시곤 했지요. "돈은 인생의 먼지 같은 거란다. 나쁜 먼지."

돈은 물론 중요합니다. 그 점에는 모두가 암묵적으로 동의하지요. 그렇지만 돈에 실제로 있지도 않은 중요성까지 부여해서는 안 됩니다.

우리가 살아가는 세상에서는 돈이 가장 중요한 가치가 되어 있습니다. 모든 것이 돈으로 통하고 뭐든지 돈으로 따집니다. 물론 살기 위해서는 돈이 필요하지요. 하지만 어떤 사람은 필요 이상으로 돈을 욕심내고 돈을 사회의 도덕적 가치관, 아니 모든 종류의 가치관을 대체하는 목적 그 자체처럼 생각합니다.

돈을 사랑하는 건 잘못된 선택입니다. 돈을 불리겠다는 목적이 아니라 사람들과 힘을 합쳐 뭔가를 해낼 목적으로 일을 도모하고, 상상력을 발휘하고, 뭔가를 만들어내야 합니다. 의학을 연구하는 사람이 재산을 쌓을 욕심만으로 쉴 새 없이 일할 수는 없습니다. 그는 고통을 덜거나 병에서 낫기 위해 신약을 필요로 하는 사람들을 생각하기에 그렇게 연구에 매진하는 것이지요. 파스퇴르나 퀴리 부부가 돈만 생각했다면 그렇게 허구한 날 밤을 새며 연구에 몰두했을까요?

어떤 사람은 돈을 최대한 많이 벌기 위해 어떤 일이든 가리지 않고 합니다. 어떤 사람은 돈이 많은데도 아까워서 못 쓰고 그냥 자기가 돈이 많다는 사실 자체를 행복해하지요. 하지만 평생 은행에 쌓아놓은 돈이 아무리 많아도 우리가 이 세상을 떠날 때는 동전 한 닢 가져갈 수 없습니다.

돈과의 관계는 단순해야 합니다. 돈을 과대평가하면 안 되지만 과소평가해서도 안 됩니다.

또한 돈은 합리적으로 써야 합니다. 부모님이 여러분에게 주는 용돈은 여러분 나이에 맞게 생활하면서 필요한 것들을 구매하는 데 써야 합니다. 뭔가를 사 먹어야 할 때, 책을 사거나 친구와 영화를 보러 갈 때는 돈이 필요하니까요. 용돈은 그런 식으로 합리적인 소비를 배우고 익히는 수단입니다.

사람의 가치를 그가 가진 돈에 비례하는 것처럼 생각해서는 안 됩니다.

세상의 온갖 중대한 문제들의 중심에는 돈이 있습니다. 돈을 지나치게 좋아하고 많이 가지고 싶어 하는 것, 특히 돈을 쓰기 싫어하고 가지고만 있으려는 태도를 **인색**이라고 합니다.

스스로 판단하기

프랑스 가수 세르주 갱스부르는 1984년 3월에 어떤 텔레비전 방송 프로그램에 출연해서 세금 남용에 반대하는 뜻에서 500프랑 지폐를 불에 태웠습니다. 국가에서 발행하는 화폐를 이렇게 훼손해도 되는 걸까요? 가령, 국기(國旗)를 훼손하면 법으로 처벌을 받을 수도 있습니다. 화폐도 국기처럼 나라를 대표하는 상징으로 보아야 할까요?

인색한 사람은 자기 돈이 주머니에서 나가지 않게 하려고 안간힘을 씁니다. 이 사람은 돈이 나가면 자기 몸이나 영혼의 일부가 떨어져나간 것 같은 기분이 들지요. 심하게는 팔이나 다리 한쪽이 잘려 나간 것 같습니다. 실제로 자신에게 아주 소중한 것에 대해서는 "내 손목을 걸고서라도 지킨다"고 하지요.

인색한 사람, 즉 구두쇠도 두 종류가 있습니다. 돈만 모으기 좋아하고 다른 것에 대해서는 그렇게까지 인색하지 않은 사람이 있는가 하면 모든 것에 대하여, 시간에도 인색하고 감정에도 인색한 사람도 있지요. 후자의 구두쇠는 친구를 사귀기도 힘들고(시간을 들여야 하고 돈도 써야 하니까요), 남편이나 아내가 자기만큼 인색하지 않은 이상 배우자와 사이좋게 살기도 힘듭니다.

인색한 사람은 돈과 시간을 내어주면서 고통을 느끼기 때문에 불행합니다. 그는 자기 지갑에서 돈이 나갈 때 속이 상해 죽을 것 같고 어떻게든 그 순간을 미루고 싶어 하지요.

구두쇠는 오직 돈만을 사랑합니다. 그는 자기 자신을 사랑하지 않고 그렇기 때문에 남들을 사랑하지 못합니다.

프랑스의 희곡 작가 몰리에르는 『수전노』에서 아르파공이라는 인물을 통해 인색한 사람의 특징을 아주 잘 묘사했습니다. 황금을 도둑맞았다는 것을 알았을 때 아르파공에게는 인생의 의미가 사라졌습니다. 그는 황금을 친구라고 부르면서 이렇게 한탄합니다. "오, 내 친구, 누가 너를 앗아갔구나. 네가 납치를 당한 탓에 나의 지지대, 나의 위안, 나의 기쁨을 잃었다. 난 이제 다 끝났어. 나는 이제 세상에서 뭘 해야 할지 모르겠어. 너 없이는 내가 살 수가 없는걸. 끝났어. 난 이제 못해. 내가 죽는구나. 아니, 난 죽었어. 벌써 흙 속에 묻혔다고."

스스로 판단하기

여러분은 절약과 인색을 구분하는 기준이 뭐라고 생각하나요?

우리는 시간을 낮과 밤, 24시간으로 나누어 측정합니다. 삶은 년, 월, 주, 일, 시, 분, 초로 쪼개어집니다.

시간은 우리 밖에 존재하지 않습니다. 시간이 곧 우리입니다. 시간은 우리 안에 있습니다. 시간의 흐름과 함께 우리가 존재하는 모양새는 달라집니다. 신체에 주름이 잡히고 예전 같지 않게 피곤한 것은 우리가 오랜 시간을 지나왔다는 증거입니다. 시간이 흘러가는 것이 아니라 여러분이, 내가, 우리가 흘러가는 것입니다.

시간은 마치 우리가 태어난 그때부터 죽는 날까지 그 위를 걸어가야 하는 외줄 같습니다. 우리는 년, 월, 주를 쌓아가고 그 모든 시간이 우리에게 나이로 더해집니다.

시간은 아주 귀합니다.

어떤 사람은 시간을 보람 있게 쓰지만 또 어떤 사람은 시간을 요긴하게 쓸 줄 모르고 허비하기만 합니다.

사실, 시간은 언제나 현재일 뿐입니다. 과거는 더 이상 존재하지 않고 미래는 아직 존재하지 않으니까요.

현재를 살아야 합니다. 현재를 살더라도 미래에 우리를 투사하면서 계획을 세우게 마련입니다. 하지만 과거를 곱씹고 그리워하거나 후회하는 것은 아무 소용이 없습니다. 이것을 노스탤지어라고 하지요.

스스로 판단하기

누구나 그렇듯이 여러분도 행복했던 추억을 돌아보기 좋아하고 때로는 지난 일을 후회하기도 할 겁니다. 그리고 누구나 그렇듯이 여러분도 미래에 대한 희망과 기대가 있을 테지요. 그런데 그 모든 일에 현재가 있습니까? 여러분은 현재에 집중할 수 있나요? 현재에 집중하는 경험은 시간에 대해서 무엇을 가르쳐주나요?

*

노스탤지어

이 단어는 '돌아감'을 뜻하는 그리스어 '노스토스(nostos)'에서 유래했습니다. 어원을 살펴보면, 배를 오래 타는 사람이 육지로 돌아가고 싶어 할 때의 죽을 것 같은 고통을 가리킵니다.

우리가 말하는 노스탤지어는 옛날이 더 좋았다고 생각해서 정신적으로 자꾸만 과거로 돌아가는 것입니다.

노스탤지어는 아무 소용이 없습니다. 현재를 충실히 살고 미래를 위한 계획을 세우는 편이 훨씬 낫지요.

노스탤지어에 빠진 사람은 더 이상 존재하지도 않는 환상에 불과한 과거 속에서 삽니다. 이것은 삶에 대한 일종의 포기이지요. 우리를 지배하는 생의 **원칙**은 미래를 생각하면서 계속 앞으로 나아가는 것입니다.

스스로 판단하기

노스탤지어에도 긍정적인 면이 있을까요? 생각해 보세요.

✳

→ 원칙

어떤 사람들은 행동의 길잡이가 되는 삶의 원칙을 가지고 삽니다.

원칙이란 우리의 행동, 일, 인간관계(친구, 부모와 자녀, 부부 등)에 적용되는 엄격한 규칙입니다. 이러한 원칙은 우리가 살아가면서 걸어야 할 길을 보여주는 **가치관**에서 나오지요.

자기 가치관을 존중하면서 사는 사람은 올곧은 사람입니다. 정직한 사람, 부패를 모르는 사람이지요.

원칙이 분명한 사람은 쉽게 원칙을 저버리지 못합니다. 그런 것은 자기 자신에 대한 배반이라고 생각하기 때문이지요.

스스로 판단하기

원칙 없이도 살 수 있을까요? 어떻게 생각하나요?

옛날에는 귀족이나 기사 계급에 '가문의 좌우명'이 있었습니다. 그 가문의 처세론을 요약적으로 보여주는 일종의 구호 같은 것이지요. 예를 들면 '네가 해야 할 일을 하라'도 그런 구호가 될 수 있겠습니다. 자, 여러분이 인생의 좌우명을 정한다면 뭐라고 하겠습니까?

✳

가치관

도덕적 가치관은 행동 수칙이자 문명의 기반, 모든 교육의 기반입니다. 그래서 우리는 동물과 다릅니다. 동물은 인간에 대해서 말할 때와 같은 의미의 의식이나 판단력이 없으니까요.

어느 한 사회의 가치관은 때때로 불안정합니다. 그러한 가치관이 부패에 물들기도 합니다. 가령, 어떤 정치인은 자신의 권력을 이용해 돈벌이를 하거나 나라를 위해 일하는 대신 자기 한 몸 편안할 생각만 하지요. 그의 이기적이고 개인적인 이익이 모두의 이익보다 우선합니다. 가령, 기자라면 정보가 자기 견해에 맞지 않는다고 해서 조작할 겁니다. 혹은, 학교 교사가 어떤 학생이 잘나가는 부잣집 아이라고 해서 그 학생만 특별히 예뻐할 수도 있을 겁니다.

3대 유일신교(단 하나의 신을 믿는 유대교, 그리스도교, 이슬람교)는 거의 비슷비슷한 근본주의 가치관을 가르칩니다. 그 가치관을 토대로 사회는 계약을 수립했습니다. 종교가 없는 사람일지라도 이 계약은 지켜야 합니다. 살인하지 말 것, 도둑질하지 말 것, 거짓말하지 말 것, 배신하지 말 것, 약한 자를 괴롭히지 말 것, 가난한 사람을 망신 주지 말 것, 약속을 깨지 말 것 등이 그 계약의 주된 내용이지요. 그런 면에서 일반적인 학교에서 가르치는 **세속**의 도덕도 종교적 도덕과 본질적으로는 맞닿아 있습니다.

살인자나 테러리스트가 된 사람은 인간의 삶을 신성하게 하는 이러한 가치관을 짓밟은 셈입니다. 범죄를 저지른 사람은 사회를 떠받치는 가치관을 저버린 셈입니다.

한 사회의 가치관은 여러 가지로 가늠할 수 있지만 특히 여성과 아이가 어떠한 조건에서 살아가는가를 보면 확실히 알 수 있습니다. 유럽 사회는 남녀평등을 실현하려고 노력하고 있습니다. 똑같은 일을 하는 남성과 여성의 임금 격차를 없애려는 노력도 그 일례이지요. 날마다 한 명꼴로 남편이나 남자친구의 폭력에 목숨을 잃는 여성들이 있습니다(프랑스에서 지난 10년간 이런 식으로 목숨을 잃은 여성이 1400명 가까이 됩니다). 여성에 대한 폭력은 여성을 남성과 평등하게 바라보고 인간관계에서 폭력은 절대로 쓰면 안 된다는 가치관을 부정하는 행위입니다. 미투(#MeToo) 운동은 여성에게 일상적으로 자행되는 성폭력을 고발하고 대처하고자 일어났지요.

단지 여성이라는 이유로 죽이는 것을 여성살해(féminicide)라고 합니다.

한 사회의 가치관은 그 사회가 노인, 가난한 사람, 장애인, 사회적 소수자 같은 약자들을 대하는 방식으로도 가늠됩니다.

스스로 판단하기

가치관은 시대와 문화에 따라 달라집니다. 그렇기 때문에 가치관은 상대적이라고들 하지요.
그렇지만 시대와 장소를 불문하고 우리가 지켜야 할 가치관,
소위 '보편적' 가치관도 있을까요?

평등

프랑스 대혁명 초기에 작성된 인간과 시민의 권리선언 제1조는 다음과 같습니다. "인간은 권리에 있어서 자유롭고 평등하게 태어나고 생존한다. 사회적 차별은

공동의 이익을 근거로 할 때만 있을 수 있다.” 여기서 말하는 '공동의 이익'은 모두의 이익, 공공선을 말합니다.

우리는 모두 다릅니다. 그러나 인권을 존중하는 국가의 정부, 법, 정의 앞에서는 모두가 비슷하고 모두가 평등합니다. 다시 말해 우리는 모두 법을 존중해야 한다는 의무 앞에서 평등합니다. 가벼운 죄를 지었든 중죄를 지었든 누구든 재판정에서 자기 행동에 대한 책임을 져야 합니다. 부자든 가난뱅이든 우리는 모두 정의 앞에서 평등합니다. 힘 있는 이들을 위한 정의와 약자, 가난한 자, 헐벗은 자를 위한 정의가 따로 있지 않습니다.

평등은 누구도 다른 사람들보다 특별한 혜택을 입지 않는 것입니다. 혹은, 다르게 말해보자면, 누구도 남들보다 우월하거나 열등한 것처럼 대하지 않는 것입니다.

특혜도 없고 예외도 없습니다. 우리는 모두 우리가 사는 나라 안에서 근본적인 자유를 누릴 권리가 있습니다. 돈이 많든지 적든지, 건강하든지 병들었든지, 모두가 권리와 법 앞에서 평등합니다.

우리는 모두 비슷비슷하면서도 다 다릅니다. 키, 피부색, 지능, 쓸모 있는 존재가 되려는 의지, 감성, 견해가 각기 다릅니다.

우리는 열 가지, 백 가지 방식으로 각기 다릅니다. 그러나 시민의 위상에 관한 한, 모두가 똑같은 배려를 받을 권리가 있습니다. 우리는 재판정, 행정기관(시청, 국세청 등), 교사나 고용주에게 공정한 태도, 차별 없는 태도를 요구할 수 있습니다. 단지 대회나 시합에서만 지적 역량, 노력, 실제로 발휘된 기량을 보고 어느 참가자를 다른 참가자보다 높게 볼 수 있겠지요.

평등은 인종차별, 외모차별, 성차별, 성소수자에 대한 차별 등에 맞서 싸우는 투쟁의 근간입니다.

스스로 판단하기

유머 작가이자 배우 콜뤼슈는 "어떤 사람들은 다른 사람들보다 평등하다"고 했습니다.
여러분도 그렇게 생각하나요?

남녀동수는 성평등 투쟁에서 비교적 최근에 등장한 개념입니다. 이 단어 'parité'는 '동등, 같음'을 뜻하는 라틴어 'par, paris'에서 나왔습니다.

정부를 구성하는 국정 지도자들이나 국회를 구성하는 의원들은 국민을 대표한다는 점에서 이러한 남녀평등을 존중해야 합니다. 원칙적으로 요즘은 남성 장관의 수와 여성 장관의 수가 같아야 합니다. 남성 국회의원과 여성 국회의원도 마찬가지로 반반이 되어야 할 텐데요. 안타깝게도 아직 실제로 그렇지는 않습니다.

프랑스에서 남녀동수에 대한 요구는 여성과 남성이 평등한 권리를 누리는 것을 목표로 삼는 페미니즘 투쟁의 중요한 과제입니다.

스스로 판단하기

여러분은 어떤 남성 혹은 여성이 그 지위에 요구되는 자질이 다소 부족할지라도
남녀동수를 만족시키기 위해 뽑을 수 있다고 생각하나요?

인종주의

일단, 인종이란 존재하지 않는다는 것부터 알아두세요.

백인종은 없습니다.

흑인종도 없습니다.

황인종도 없습니다.

홍인종도 없습니다.

모두가 다르면서도 모두가 비슷한 70억 이상의 인구로 이루어진 하나의 인류가 있을 뿐입니다.

게놈(어느 한 생물 종이 가진 모든 유전 정보. 유전자들의 집합)은 모든 인간에게 동일합니다. 따라서 겉으로 보이는 모습을 바탕으로 사람들을 분류할 수는 없습니다.

인종주의자는 인종이 존재한다고 믿을 뿐 아니라 그러한 믿음을 심으려고 합니다. 자신이 속하지 않은 어떤 공동체, 어떤 민족, 어떤 인간집단을 거부하는 태도가 정당하다고 생각하지요.

인종주의는 자신과 피부색이 다른 사람들이 열등하므로 멸시를 당해도 괜찮다는 생각입니다. 가령, 인종주의자는 단지 자신의 피부색이 희다는 이유만으로 스스로가 우월하다고 믿지요. 물론 그 역도 얼마든지 가능합니다. 흑인들이 미국에서 시민권 투쟁을 할 때는 자기네가 백인이나 황인보다 우월하다고 생각했지요. 인종주의는 백인들만의 전유물이 아닙니다!

그래서 인종주의자는 자연스럽게 타고난 차이를 불평등으로 둔갑시키는 사람입

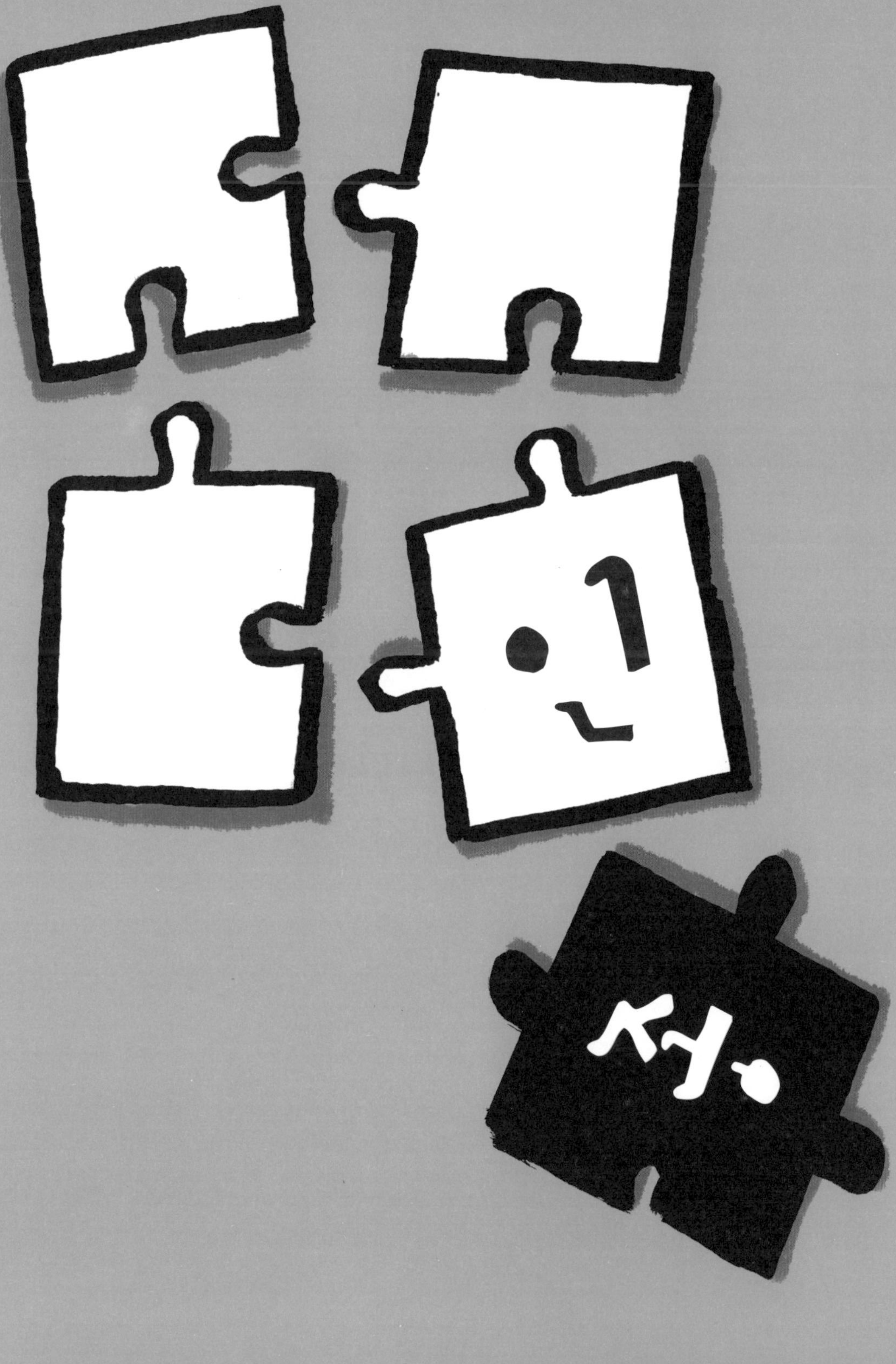

니다. 그는 사람들 사이의 차이를 자신의 우수함을 보장해주는 불평등처럼 생각하지요.

인종주의는 사람의 피부색에 집착합니다. 어떤 사회도 이 몹쓸 재앙을 완벽하게 몰아내지는 못했습니다. 인종주의는 모든 곳에 있습니다. 어느 인간 집단도 인종주의에서 완전히 자유롭지는 않습니다.

프랑스에는 아프리카인들과 마그레브인들*을 중심으로 '안티 백인 인종주의'를 옹호하려는 움직임도 있습니다. 인종주의가 일방적인 것처럼 주장하는 것은 말이 안 됩니다. 인종주의는 어디에나 있으니까요. 백인과 흑인, 부자와 빈자, 어느 쪽이든 자기가 속하지 않는 다른 집단을 차별할 수 있습니다.

결국, 역설적이지만 인간은 모두 차별주의자가 될 수 있다는 점에서 똑같습니다.

일상에서 거듭 설명하고 가르치고 바로잡는 것이야말로 인종주의적 편견, 고정 관념과 싸우는 중요한 수단입니다. 그리고 인종주의적 증오를 선동하는 것은 법으로 금지되어 있습니다.

스스로 판단하기

때때로 사람들은 별생각 없이 피부색이나 외모에 대한 가치판단, 농담, 지적을 합니다.
여러분은 자기도 모르게 인종주의자가 될 수도 있다고 생각하나요?

---

* '마그레브'는 알제리, 모로코, 모리타니, 튀니지를 포함하는 아프리카 서북부 지역을 말합니다.

→ 이민자

이민자는 외국에서 일하고 살기 위해 자기 나라를 떠난 사람입니다. 20세기에 프랑스를 비롯한 유럽 여러 나라는 외국인 노동력이 필요해서 이민자들을 대거 맞이했습니다. 특히 제1차 세계대전 이후가 그랬지요.

전쟁에서 너무 많은 사람이 죽어서 노동력이 부족했습니다. 독일과 프랑스에서 일할 사람을 구하러 알제리, 모로코, 튀니지, 세네갈뿐만 아니라 폴란드와 이탈리아에까지 가야 했지요. 당시에는 아내와 자식을 두고 남자들만 외국으로 가는 경우가 많았습니다. 언젠가는 가족이 기다리는 고국으로 돌아갈 생각이었으니까요.

1976년 프랑스 대통령 발레리 지스카르 데스탱은 '가족 통합'을 추진했습니다. 외국인 노동자의 아내와 자식도 남편이 일하는 나라로 이주해서 살 수 있게 했지요. 그러다 보니 이 노동자들과 그 가족들은 프랑스에 남게 되었습니다.

그때부터 이민자들이 프랑스에서 아이를 낳고 키우며 살게 되었지요. 이 아이들은 프랑스 국적이지만 늘 프랑스인으로 대우받으며 살지는 못했습니다. 정말로 평등하다면 그럴 수 없는데 말입니다.

2000년부터는 밀입국과 불법 이민이 크게 늘었습니다. 주로 마그레브와 사하라 이남 지역에서 유럽으로 많이 건너갔지요. 그리고 모로코에도 아프리카인들이 많이 건너갔습니다.

이렇게 다른 나라로 이주한 사람을 '이민자'라고 합니다. 우리는 오랫동안 이민자를 우리에게 필요한 존재로 생각해왔지요. 그렇지만 지금은 일자리 문제 외에도 자기 나라에서 평화롭게 살 수가 없거나 차별을 받기 때문에 외국에 나가 살기를 선택하는 사람도 많답니다.

스스로 판단하기

가족 모두의 국적이 우리나라로 되어 있다고 해도 조상은 외국 사람일 수 있습니다.
여러분에게도 외국인 출신의 조상이 있나요?

외지인은 다른 지역에서 온 사람입니다. 그 사람은 잠시 여행을 하러 왔을 수도 있고 이곳에서 직장을 구하고 계속 살려고 왔을 수도 있습니다. 우리도 다른 지역에 가면 외지인, 다른 나라에 가면 외국인이 됩니다. 우리는 언제나 누군가에게는 외지인입니다.

118

외지인은 평소 흔히 보던 사람이 아니기 때문에 낯설거나 이상하게 보일 수 있습니다. 외지인, 특히 외국인을 싫어하고 꺼리는 것을 제노포비아라고 합니다. 그리스어 '크세노스(xenos)'는 '이방인'이라는 뜻이고 '포보스(phobos)'는 '공포'라는 뜻이지요. 그러나 제노포비아의 표현은 공포나 두려움보다는 거부, 혐오, 푸대접으로 나타납니다.

스스로 판단하기

자기 나라, 자기가 태어난 고장에서도 외지인 같은 기분이 들 수 있을까요?
여러분은 '외국'에 가본 적 있습니까? 만약 그렇다면 그때 어떤 기분이 들었나요?
아직 외국에 가본 적이 없다면 어떨 때 다른 나라, 다른 문화를 접하고 싶은
마음이 드는지 말해보세요.

포비아

포비아는 공포입니다.

공포가 특정 집단이나 종교에 결부될 때가 있습니다. 가령 동성애자에 대해서는 호모포비아, 이슬람교에 대해서는 이슬라모포비아를 말할 수 있겠지요.

하지만 동성애자에게 폭력을 쓰는 사람들, 이슬람교를 믿는다는 이유만으로 살해하는 사람들은 공포를 느낀다기보다는 상대를 죽이고 싶을 정도로 증오하는 것이지요. 실제로 2019년 3월 뉴질랜드의 한 도시에서는 이슬람 사원이 테러를 당해 51명이 목숨을 잃기도 했습니다.

우리가 제노포비아라고 부르는 것은 인종주의의 바로 전 단계라고도 할 수 있겠습니다. 그러한 태도가 외지인에 대한 배척과 직접적인 거부로 발전하는 것이지요. 일반적으로, 가난한 외지인은 푸대접을 받습니다. 속으로는 외지인을 싫어해도 부유한 외지인이 우리나라에서 돈을 많이 쓰고 가는 건 뭐라고 하지 않지요.

그러한 제노포비아는 '선택적인' 혹은 '위선적인' 인종주의의 한 형태입니다.

119

스스로 판단하기

거미나 뱀을 유독 무서워하고 싫어하는 사람들이 있습니다. 대개는 우리의 상상이나
무지가 그러한 극단적 공포를 낳지요. 하지만 자기와 다르다는 이유로
사람들을 무서워하고 싫어하는 태도가 그보다 더 낫다고 할 수 있을까요?
이 모든 종류의 공포증, 혐오증을 극복하는 방법으로 어떤 것이 있을지 생각해 보세요.

→ 이슬라모포비아

20여 년 전부터 이슬람교의 이름으로 여러 차례 테러가 일어났고 그 후로 **유럽에
서 이슬람에 대한 공포는 일반화되었습니다.** 이슬람교를 두려워하는 사람들은 그
러한 테러에서 진짜 이슬람교가 잘못한 부분이 있는지 없는지 알려고 하지도 않습
니다. 그들은 이미 만들어진 선입견에 따라 이슬람교라고 하면 무조건 경계부터 하
고 봅니다.

테러 외에도 이슬람교에서 겁나는 부분이 있다면 이슬람 국가에서 여성을 대하
는 방식 때문일 겁니다. 실제로 이슬람 여성은 세상에서 가장 부당한 삶의 조건 속
에서 산다고 해도 과언이 아닙니다. 사우디아라비아에서는 2018년이 되어서야 여
성에게 운전을 할 권리가 허락되었지요. 또한 상속에 있어서도 딸은 아들이 차지하
는 몫의 절반만 물려받을 수 있습니다. 일부 이슬람 국가에서는 여성이 남편의 허락
없이 외국에 가지도 못합니다. 게다가 이런 나라에서는 일부다처제(남자 한 명이 아내
를 여럿 두는 제도)가 허용될 뿐 아니라 남편은 언제든지 아내의 의견을 묻지 않고 자기

마음대로 이혼을 할 수 있습니다.

정치인, 일부 언론인들은 미래에 유럽이 완전히 이슬람화될 것이라고 주장합니다. 정확한 사정을 모르는 사람들은 근거도 없는 이 예측을 진지하게 믿고 있지요. 이슬람 공포는 차츰 이슬람교와 이 종교를 믿는 사람들에 대한 증오로 바뀌었습니다.

네덜란드와 오스트리아의 극우파 세력은 코란을 금지하고 이슬람 학교를 폐쇄해야 한다고 주장합니다. 점점 더 많은 유럽 국가에서 이러한 주장이 극우파 정당 지지자들에게 우호적인 반응을 얻고 있습니다.

스스로 판단하기

'저 사람은 아랍인이야. 그러니까 이슬람교를 믿겠지. 그렇다면 저 사람은 테러리스트야.'
이 문장에 포함된 추론상의 오류와 잘못된 판단을 찾아서 말해보세요.

증오는 이 감정의 정반대에 있는 사랑만큼이나 흔합니다.

사랑했던 사람이 자기를 떠났거나 배신했기 때문에 느끼는 증오와 어떤 사람의 정신상태나 마음가짐에 대한 증오는 좀 다릅니다. 어떤 상황에서는, 상대에게 적어도 약간의 애정이 있기 때문에 증오라는 감정까지 갑니다.

상대가 죽기를 바랄 정도의 증오도 있습니다. 이러한 증오는 강렬하고 버거운 감정으로, 때로는 비이성적이다 못해 강박이나 정신병을 방불케 하지요. 증오에 의해서만 움직이는 사람은 몹시도 불행합니다. 그는 불행하기 때문에 자기 안의 이 증오라는 독과 싸워야 합니다. 증오는 결국 그 감정의 주인을 파괴합니다.

증오는 현실에 대한 맹렬한 거부입니다. 예를 들어 내가 친구를 증오한다고 칩시다. 내가 그를 증오하는 이유는 그가 나에 대한 태도를 바꾸고 나를 버렸기 때문입니다. 혹은, 그가 나는 준비되지 않았고 받아들일 수도 없는 결별을 선언함으로써 나를 모욕했기 때문입니다. 혹은 누군가가 나를 배신했기 때문에 증오할 수도 있습니다. 그는 내가 말썽을 부렸다든가 우리 형이 내 숙제를 대신해줬다고 선생님에게 고자질했습니다.

정치적 투사는 자신을 못살게 굴고 탄압했던 정치 체제에 증오를 품을 수 있겠지요. 유대인들에 대한 히틀러의 증오는 광기가 되어 비극적인 결과를 낳았습니다. 그러나 나치 체제가 600만 명이나 되는 유대인을 학살했음에도 유대인에 대한 증오, 이른바 **반유대주의**는 완전히 사라지지 않았습니다.

스스로 판단하기

증오심을 느낄 때 그 감정을 바꾸려고 해보세요. 미움을 사랑으로 바꾸라는 것이 아니라, 부정적인 감정의 알맹이를 비워내는 연습을 하세요. 이러한 연습은 여러분의 정신 건강에 매우 이롭습니다. 증오라는 토대에서는 아무것도 이루어낼 수 없기 때문입니다.

123

✳

반유대주의

반유대주의는 특별히 유대인을 대상으로 하는 일종의 인종주의입니다. 반유대주의는 나치즘이 부상하면서 가장 비극적이고 가장 끔찍한 수준까지 치달았지요.

하지만 반유대주의는 히틀러가 권력을 잡기 전부터 존재했습니다.

유대인들에 대한 박해는 늘 있었습니다. 유대인은 돈밖에 모른다, 음흉하다, 악마와 내통한다, 애국심이 부족하다, 배신을 잘한다 등등의 편견에 시달렸지요. 드레퓌스 사건은 반유대주의를 드러내주는 한 예입니다. 1894년 프랑스 육군 대위 알베르 드레퓌스는 독일 제국에 국가 기밀 문서를 넘겼다는 죄로 유형을 당했습니다. 그러나 그 재판 결과는 오심이었고 그가 음모에 희생당했다는 사실이 역사적으로 입증되었지요. 이 사건의 기원에는 유대인에 대한 증오가 있었습니다.

이런 유의 인종주의를 막기 위한 법과 교육에도 불구하고 반유대주의는 사라지지 않았습니다. 정치적 위기나 경제적 위기, 어떤 사회적 문제가 발생할 때마다 유대인들을 붙잡고 늘어지는 경향은 여전히 존재합니다. 유대인 공동묘지를 훼손하고, 유대인을 욕되게 싸잡아 부르는 말을 쓰고, 키파(유대교를 믿는 사람들이 머리에 쓰는 작고 동그란 모자)를 쓴 젊은이들을 공격하는 사건도 발생했지요.

2006년 일랑 알리미라는 유대인 청년은 갱단을 표방하는 범죄자들에게 죽을 때까지 고문을 당했습니다. 2012년에는 모하메드 메라라는 테러범이 툴루즈의 유대인 학교에 총기를 난사해 어린이들을 죽였지요. 2017년에는 사라 알리미라는 65세의 유대인 여성을 이웃집 청년이 창에서 내던져 죽이는 사건이 있었지요. 2018년에

는 미레유 크놀이라는 85세 유대인 할머니가 자기 집에서 칼에 찔리고 산 채로 불에 태워지는 끔찍한 죽음을 당했습니다……

반유대주의와의 싸움은 유대인에 대한 편견이 근거가 없음을 보여주는 데서부터 시작할 수 있습니다.

'유대인은 돈이 많다'는 편견에는 역사적 배경이 있습니다. 중세에는 교회가 돈을 빌려주고 이자를 받는 행위를 금지했습니다. 이슬람교도 마찬가지였지요. 그러다 보니 유대인들이 이러한 대금업을 독식하게 되었습니다. 어차피 유대인들은 다른 일을 구하기 힘들기도 했고요. 그래서 유대인 하면 돈, 돈 하면 유대인이라는 편견이 생겨났지요. 유대인이라고 해서 특별히 부유하거나 특별히 가난하지는 않습니다. 돈 많은 사람도 있고 형편이 쪼들리는 사람도 있고, 그들도 우리와 똑같지요. 재산의 많고 적음은 유대인이라는 사실과 아무 상관관계가 없습니다.

스스로 판단하기

왜 반유대주의를 특정 인종주의라고 하는 걸까요? 여러분 생각을 말해보세요.

쇼아는 '멸절'을 뜻하는 히브리어입니다. 홀로코스트(Holocaust)라고 부르기

도 하는데, 이 단어는 그리스어로 '완전히 태워버리다'라는 뜻의 '홀로카우스토스 (holocaustos)'에서 나왔지요. 둘 다 제2차 세계대전(1939-1945) 당시 일어났던 유대인 집단학살을 가리킵니다.

역사적으로 유대 민족은 여러 차례 대대적인 박해를 낭했습니다. 그중에시도 니치 독일 체제는 제2차 세계대전 내내 유대인을 잡아들였고 가장 큰 규모의 학살을 자행했지요.

미국의 유대계 역사학자 라울 힐버그는 『유럽 유대인의 전멸』이라는 책에서 나치에 희생당한 유대인을 500만 명으로 추정했고 또 다른 학자들은 600만 명까지도 될 것이라고 했습니다. 유대인들은 그들만 모여 살게끔 지정된 게토, 집단수용소, 가스실에서 죽어나갔습니다.

히틀러와 나치당의 주요 인물들은 유대인이 '불순한 인종', 다시 말해 자기네보다 열등한 인간들이라고 생각했기 때문에 전멸시키고 싶어 했습니다(이것이 나치의 '최종 해결'입니다). 나치는 유대인은 살 권리가 없으니 몰살해야 한다고, 다시 말해 단 한 명도 살려두어서는 안 된다고 생각했습니다.

단지 유대인이라는 이유로 수백만 명이 목숨을 빼앗겼습니다.

유대인 학살과 가스실은 사실 존재하지 않았다고 주장하는 가짜 역사학자들이 있습니다. 이들을 역사부정주의자라고 합니다. 역사부정주의자는 진실을 부정하고 역사를 날조하려 드는 범죄자입니다.

잊지 말아야 할 것

1939년에서 1945년까지 일어났던 세계대전에는 '2차'라는 말이 붙습니다. 그 이유는 그 이전에도 세계가 전쟁의 포화에 휩싸였던 적이 있기 때문이지요. 잊지 마세요, 또 다시 세계가 전쟁에 휩싸인다면 그 피해와 참상은 이루 말할 수 없을 거예요. '3차' 세계대전은 절대로 일어나면 안 됩니다!

두려움은 사람이라면 누구나 느낄 수 있는 정상적인 감정입니다. 위험이 엄연히 있는데 두려움이 전혀 없다면 그게 더 걱정이겠지요.

우리는 천둥, 번개, 지진, 폭풍우처럼 사물과 경관을 파괴할 수 있는 자연현상에 대해서 두려움을 느끼기도 합니다. 이때 두려움을 느끼는 이유는 우리가 그러한 자연현상 앞에 무방비로 놓여 있기 때문입니다. 자연의 힘과는 맞서 싸울 수 없습니다. 자연 앞에서 인간은 보잘것없습니다.

자신이 경험하지 못한 것, 미지의 것이 두려울 수도 있습니다. 어둠 속의 두려움, 자기 상상에 대한 두려움도 있습니다. 몸은 무슨 일이 닥칠지 모르기 때문에 부들부들 떱니다. 자기가 무척 작아진 기분이 들지요. 무엇에 기대야 할지, 뭘 붙잡고 버텨야 할지, 무엇이 마음을 달래줄 수 있을지 모릅니다.

두려움은 정신적 혼란이자 신체적 혼란입니다.

비행기 타기를 무서워하는 사람도 자기 두려움이 이성적이지 않다는 것은 압니다. 그런데도 항공 기술이나 비행기를 조종하는 사람을 믿지 못하기 때문에 두려운 것이지요. 이건 사실 설명할 수 없는 감정입니다. 이러한 두려움은 이치에 맞지 않는 것이니까요.

어둠 속에서 느끼는 두려움도 마찬가지입니다. 사방이 컴컴하면 어디서 위험이 튀어나올지 모르지요. 그래서 겁이 나고 자신을 통제할 수 없게 돼요.

권위에 대한 두려움도 있습니다. 부모님, 선생님, 경찰, 높은 자리에 있는 사람이 위협적으로 나오면 무척 당황스럽지요. 그러한 위협을 어떻게 대해야 하는지도 모르고요. 자신이 한없이 약하게 느껴지고 버림받은 기분이 들기도 합니다.

공부를 잘 따라가지 못할까 봐 두려운 나머지 학교가 싫어진 아이들이 있습니다. 선생님이 벌을 주기 때문에 그게 두려운 아이들도 있고요.

하지만 학교가 두려운 곳이 되어서는 안 됩니다. 학교는 오히려 지식, 학습, 만남, 즐거움의 장소가 되어야 합니다. 아이들이 새로운 것을 배우면서 재미있어하고 즐거워해야지요. 정신적으로 성장하는 것은 기분 좋고 행복한 일입니다.

마지막으로, 두려움에 대한 두려움도 있다는 것을 알아두세요. 자기가 두려움을 잘 극복하지 못하면 어떻게 되어버릴 거라고 상상하는 사람들이 있습니다. 걱정과 **불안**의 특정한 형태라고 볼 수도 있겠지요.

두려움은 인간뿐만 아니라 동물도 더러 느끼는 감정입니다.

스스로 판단하기

여러분은 공포영화나 무서운 이야기를 좋아하나요?
그런 영화를 보거나 이야기를 읽으면 어떤 기분이 드나요?

불안하면 가슴이 답답하고 목에 뭐가 걸린 것 같고 왠지 괴롭습니다. 불안은 신체적 불편으로 나타납니다. 갑갑하고 숨이 잘 안 쉬어지고 심장이 잠깐 멈췄다 뛰는 것 같기도 하지요.

불안은 상실감과도 비슷해요. 매사가 부정적으로 보이고 무엇으로도 안심이 되지 않습니다.

시험 전날, 혹은 대회를 앞두고 불안한 기분이 들 수 있습니다. 이렇게 자신감이 시험에 드는 순간은 누구에게나 있게 마련이고 얼마든지 극복 가능합니다.

하지만 가장 심한 불안은 명백한 이유 없이 엄습하는 불안이지요. 정상적인 활동이 힘들 만큼 심한 두통이 갑자기 일어나는 것과 비슷하다고 할까요. 하지만 불안은 몸만 괴롭히는 게 아니라 정신도 괴롭힙니다. 우리가 불안을 느끼면 혈압이 높아집니다. 특히 스스로 왜 자기가 불안한지 모를 때 불안은 정신과 신체를 크게 어지럽히지요.

요즘은 '불안하다' 대신 '스트레스 받는다'는 표현을 더 자주 씁니다만 '불안'과 '스트레스'가 완전히 같은 것은 아닙니다. 스트레스는 뭔가를 수행하기 위해서 감

내하는 압박이지요. 우리는 그러한 압박 속에서 살아갑니다. 적당한 스트레스는 일을 잘 해내는 데 도움이 되지만 도를 넘는 스트레스는 정신 및 신체를 교란하기 때문에 위험합니다.

불안은 두려움과 참담한 기분을 포함합니다. 그러한 감정이 오래 지속되면 **우울증**이라고 하지요.

스스로 판단하기

여러분을 불안하게 만드는 것은 무엇입니까? 학교? 어둠?
혹시 일어날지도 모를 사고? 미래?

우울증은 주로 학교나 직장이나 사생활에서 속상한 일이 쌓였을 때, 실패가 거듭되었거나 정신적으로 큰 충격을 받았을 때, 사고를 당했거나 연인, 친구, 가족과 헤어진 후에 나타납니다.

우울증에는 대개 심각하고 고질적인 불면증이 따라옵니다. 일하기가 싫어지고 전반적으로 삶에 흥미가 없어집니다. 가족이나 친구에 대해서도 관심이 시들해지지요. 우울할 때는 자기가 잘하는 것도 없고 쓸모도 없는 사람처럼 느껴집니다. 버림받은 기분이 들고 외로워집니다.

우울한 사람은 자존감이 떨어집니다. 자기 자신을 멸시하게 되고 "난 바보인가 봐", "난 아무것도 못 해", "왜 사는지 모르겠어", "하고 싶은 것도 없어" 같은 말을 자주 하지요.

우울증은 치료를 해야 하는 병입니다. 우울증 치료에는 시간이 필요하지만 마음 먹고 치료하면 나을 수 있습니다.

우울증은 나이를 가리지 않습니다. 아이들도 부모의 이혼을 경험한다든가 학교에 적응을 못 하면 우울증에 걸릴 수 있습니다. 사랑을 거절당했거나 이별을 한 후에 우울증에 빠지기도 하는데 부모님은 아이들의 연애를 가볍게 생각하기 때문에 그러한 우울감을 잘 이해하지 못하는 경향이 있지요. 이때의 우울증은 아이가 사랑받지 못하고 이해받지 못한다고 느끼는 외로움에서 비롯된 것입니다.

이 불편함, 이 괴로움은 자주 일어납니다. 우울증이 있다면 정신과 의사나 심리 상담사를 만나봐야 합니다.

우울증 치료에는 시간이 오래 걸립니다. 인내심과 주위 사람들의 도움도 필요하고요. 그리고 **용기**도 필요하답니다.

스스로 판단하기

우울증이 발생하기 전에는 어떤 조짐이 보일까요? 여러분 생각을 말해보세요.

*

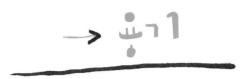

용기

용기는 두려워하는 마음을 이겨낼 때 솟아납니다. 위험 상황에서 무슨 일이 발생할지 예측하고 내다본 후에 그에 맞서는 것이 진정한 용기입니다.

우리는 흔히 용기가 신체적 위험을 기꺼이 무릅쓰는 행동, 목숨을 거는 행동이라고만 생각합니다. 불을 끄기 위해 고층 사다리를 타고 오르는 소방관은 자칫하면 자신이 죽을 수도 있다는 것을 압니다. 그러나 그는 용감하기 때문에, 소방관이라는 직업을 선택했기 때문에 그 일을 합니다. 소방관은 사회에 큰 도움을 주는 직업이고 그 일이 그의 삶을 의미 있게 합니다.

하지만 사유의 용기, 자기 생각을 감추지 않고 말하는 용기도 있습니다. 그런 사람을 두고 솔직하다고들 하지요. 솔직함은 용기의 직접적 표현입니다. 솔직함에는 진실이 따라옵니다. 자기 생각을 있는 그대로 말하는 사람은 거짓말을 하지 않고 설령 상대가 기분 나빠 하더라도 할 말은 하지요.

정치적 용기는 듣기 좋은 말로 국민을 구워삶지 않고 진실을 말하는 것입니다. 그러한 용기가 오히려 국민의 지지를 떨어뜨릴 수도 있습니다. 거북한 진실을 대놓고 말하는데 좋아할 사람은 아무도 없으니까요. 1940년 5월 13일 윈스턴 처칠은 이런 유명한 연설을 했지요.

"나는 피, 땀, 눈물, 수고 외에는 드릴 것이 없습니다."

마지막으로, 자기 자신으로서 살아가는 용기가 있습니다. 자신의 본모습을 가족이나 사회가 불편해하거나 거부할까 봐 감추고 위장하기보다는 자기답게 행동하고 살아가기로 결심하는 것이지요.

자신의 철학적 견해, 정치적 소신을 얼마든지 드러낼 수 있듯이 자신의 성적 지향도 드러낼 필요가 있다면 드러낼 수 있습니다.

스스로 판단하기

여러분은 신체적 용기와 정신적 용기 중에서 무엇을 더 선호합니까?

동성애는 성별이 같은 사람들 사이의 사랑입니다. 성별이 같은 두 사람이 맺는 성생활의 한 형태이지요. 동성에게 육체적으로 끌리고 성적 욕망을 느끼기 때문에 남자와 남자 혹은 여자와 여자가 사랑을 나누는 겁니다.

프랑스 작가 장 주네는 이런 말을 했습니다. "내가 동성애자인 것은 내 눈이 파란색인 것과 마찬가지의 문제다." 자기가 눈동자 색깔을 골라서 태어날 수 없듯이 여자보다 남자를 좋아하는 것도 자기 선택이나 의지의 문제가 아니라는 뜻이지요. 다시 말해, 동성애자에게는 동성을 좋아하는 것이 자연스럽고 정상적인 감정입니다. 그렇지만 사회가 동성애를 자연의 섭리에 어긋나는 비정상적인 습관으로 치부할 때가 종종 있지요.

하지만 단지 자신과 성적 지향이 다르다는 이유로 다른 사람을 비난할 권리가 있을까요?

지금도 동성애자들은 사회의 시선이 그들을 '정상'으로 바라보게끔 투쟁을 계속하고 있습니다.

동성애는 악한 일도 아니고 질병도 아닙니다.

그동안 사고방식이 많이 바뀌기는 했습니다. 2019년에 실시한 조사에 따르면 프랑스인의 85퍼센트는 '동성애를 삶의 방식으로 용인할 수 있다'고 답했습니다. 1975년에는 그렇게 답한 사람이 25퍼센트였으니 상당한 변화가 있은 셈이지요.

프랑스에서는 2013년 5월 17일 법으로 동성결혼이 허용되었습니다. 동성애 부부도 이성애 부부, 즉 남자와 여자로 구성된 부부와 똑같이 권리를 보장받습니다.

프랑스는 전 세계에서 14번째로 동성결혼을 허용한 나라입니다.*

어떤 나라에서는 동성애를 정신병이나 범죄 취급합니다. 실제로 일부 국가는 동성애자를 감옥에 보내거나 사형에 처한답니다.

스스로 판단하기

각 나라 언어에는 으레 동성애자를 비하하는 말이 있습니다. 우리나라에서는
어떤 단어가 그런 의미로 쓰일까요? 여러분이 한번 생각해 보고 앞으로 그런 말은
절대 쓰지 않도록 유의하세요.

---

* 현재 대한민국에서는 법령에 의해 개인의 성적 지향을 인정하고 있지만 동성결혼은 법제화하지 않고 있습니다.

정상

정상과 비정상.

우리는 모두 서로 다릅니다. 정상은 사회가 마련한 기준에 들어맞는다는 의미입니다. 하지만 그러한 기준은 대개 단순히 '평균'을 감안해 세운 것이지요.

우리는 어떤 사람이 다른 사람들 같지 않다는 이유만으로 신체적 혹은 정신적 비정상이라고 여길 때가 너무 많습니다. 이때 그 다른 존재를 바라보는 시선은 대체로 우수한 자가 열등한 자를 내려다보는 시선이지요. 그러한 시선은 공정하지 않습니다.

만약 정상이 일반 규칙이라면 그 규칙에 예외가 아주 많이 있음을 인정해야 합니다. 딱 떨어지게 분류되지 않는 존재라고 해서 남들보다 덜 존중받거나 열등한 취급을 받아서는 안 됩니다.

장애가 있는 사람들을 지칭하는 표현에는 좀 더 배려가 필요하고 그들이 덜 중요한 존재인 것처럼 대하지 않도록 조심해야 합니다. 게다가 예기치 못한 사고나 질병은 누구에게나 일어날 수 있습니다. 어느 날 누가 무슨 일을 당해서 갑자기 '정상'으로 간주되었던 일면을 잃게 될지 모르는 겁니다.

스스로 판단하기

'정상인'이 어떤 인간인지 정의해보세요.

*

어떤 아이는 태어날 때부터 기형이거나, 특정 기능이 잘 발휘되지 않습니다. 혼자 살아갈 수 있을 만큼의 원만한 발달을 방해하는 신경학적 원인을 안고 태어나는 아이도 있고요. 우리는 이런 사람들을 장애인이라고 부릅니다. 장애인 중에는 타인의 도움 없이는 살아가기 어려운 사람이 많지요.

장애도 여러 종류가 있습니다. 비교적 가벼운 장애가 있는가 하면 중증 장애도 있지요. 신체적인 장애('운동' 장애)가 있는 사람도 있고, 뇌가 제대로 기능을 하지 못해서 정신적으로나 신경학적으로 어려움이 있는 사람도 있습니다.

장애인은 자신의 장애에 책임이 없습니다. 그렇기 때문에 장애인을 우리보다 못한 존재처럼 바라보아서는 안 됩니다. 누구라도 어느 날 갑자기 장애인이 될 수 있습니다. 세상에서 제일 튼튼할 것 같은 운동선수도 하루아침에 자기 발로 못 걷는 상황에 놓일지 모릅니다. 그러므로 장애인을 함부로 판단하지 않도록 가르치고 익히고 바로잡아야 합니다.

그러고 보니 유명한 예가 있네요. 미국 배우 크리스토퍼 리브는 1978년과 1987년에 슈퍼맨 역을 맡았을 만큼 키가 크고 건장한 사람이었습니다.

그런데 이 배우가 1995년 승마대회에 나갔다가 사고를 당했습니다. 말이 장애물을 뛰어넘으려고 하지 않는 바람에 키 193센티미터의 배우가 땅으로 떨어졌지요. 결국 목뼈가 두 군데 나가고 척수에 치명적인 손상을 입었지요. 그는 팔다리를 살짝

드는 것조차 불가능한 사지마비 환자가 되었습니다. 그는 돌처럼 굳어진 몸에 매인 채 9년을 더 살다가 2004년 10월 10일 52세의 나이로 세상을 떠났습니다.

이처럼 슈퍼맨도 눈 깜짝할 사이에 신체의 자유와 건강을 잃을 수 있습니다. 우리 중 누구라도 흔히들 말하는 '정상' 상태를 잃고 장애라는 무거운 짐을 질 수 있습니다.

장애인은 건강한 사람과 똑같은 권리를 누립니다.

사회는 각 가정이 돌보거나 보조하기 어려운 장애인들을 책임져야 할 의무가 있습니다. 특히 생활에 어려움을 많이 겪는 장애인들이 있습니다. 그들은 대체로 특수 시설에서 생활하게 됩니다. 장애인 복지를 소홀히 하는 나라들이 아직도 많다는 것은 가슴 아픈 일이지요.

휠체어를 탄 사람이 2층에 가야 하는데 슬로프도 없고 엘리베이터도 없습니다. 이 사람이 불편을 겪는 진짜 이유는 뭡니까? 휠체어를 탔기 때문에 불편한 건가요, 엘리베이터가 없어서 불편한 건가요? 이 이야기의 교훈은 장애는 장애의 불편을 덜어주는 시설과 배려가 없을 때만 진짜로 문제가 된다는 것입니다. 사회가 장애인들에게 관심을 덜 기울일수록 장애는 불편이 됩니다.

스스로 판단하기

장애인의 생활을 이해하고 싶다면 눈을 감고 마치 원래 앞을 못 보는 사람인 것처럼 지내보세요. 아무 소리도 안 들리게 귀를 막거나, 말을 하지 않거나, 다리를 못 쓴다고 가정하고 잠시 지내보세요.

*

→ 원조

사회를 이루고 살아가는 사람들은 위험에 처한 사람을 자기가 할 수 있는 한에서 도와야 할 의무가 있습니다. 우연히 어떤 남자가 어린아이를 심하게 때리는 장면을 보게 되었다 칩시다. 여러분은 그 아이를 구하기 위해서 경찰에 신고를 해야 합니다. 그 상황에서 아무것도 하지 않는다면, 무심하게 지나친다면 그건 비난받을 만한 일이지요.

요즘은 거리에서 크게 싸움이 나거나 교통사고가 난 걸 보면 일단 핸드폰을 꺼내어 촬영부터 하지요. 신고는 하지 않고 그냥 찍기만 하는 겁니다. 위험을 인지하거나 범죄를 목격하고서 아무 조치도 취하지 않는 것을 '방조'라고 합니다. 방조죄도 법으로 처벌을 받습니다.

원조는 도와준다는 뜻입니다. 구경거리 보듯 바라보기만 하지 않는 것, 행동에 나서는 것이 원칙입니다.

마찬가지 맥락에서 국가도 삶이 어려운 국민에게는 지원을 합니다. 직장을 구해서 돈을 벌 수 있을 때까지 매달 일정 금액을 지급한다든가 하는 식으로요. 이러한 사회적 원조는 소득이 낮은 노인이나 장애인에게도 필요합니다. 또한 가정폭력이나 아동학대 때문에 가족과 떼어놓고 보호해야 하는 어린이나 청소년에게도 필요하지요. 이 아이들은 위탁가정이나 아동보호시설에서 생활하게 됩니다. 그러면 적어도 직접 폭력을 당하거나 폭력을 지켜봐야 하는 괴로운 일은 없으니까요.

하지만 원조가 언제까지나 계속되어서는 안 됩니다. 진정한 원조는 원조가 더는 필요하지 않게 하는 것이지요. 어려운 형편에 있는 사람을 형편이 나아질 때까지만 도와야 합니다.

반면, 노인이나 중증 환자, 형편이 나아질 방법이 없고 완전히 고립되어 살아가는 사람 들에게는 지속적인 원조가 필요합니다. 원조는 각 사람의 역량에 달린 문제입니다. 일반적으로, 우리는 더불어 살아가는 존재이므로 힘을 합칠 수 있을 때는 합쳐야 합니다.

나 개인적으로는 2003년 프랑스의 기록적인 무더위로 혼자 살던 노인 1만 9000명이 죽었다는 뉴스를 접하고 정말로 충격을 받았습니다. 늙은 부모에게 신경도 안 쓰고 여름 휴가를 떠나버린 자식들이 많았지요. 노인을 버리는 사회는 자기 가치관의 일부분을 포기한 사회입니다.

스스로 판단하기

어려움에 처한 사람을 돕는 것은 당연한 일이어야 합니다. 특히 무조건 도와야 하는
상황으로는 어떤 것이 있을지 여러분이 예를 들어보세요.

이기주의자는 자기를 최우선으로 생각하는 사람입니다. 이 사람은 자신의 자아와 에고('에고(ego)'는 '자기'를 뜻하는 라틴어입니다)를 가장 먼저 챙깁니다. 다른 사람들 생각은 안중에 없습니다. 원칙적으로 각자 자기가 알아서 해야 한다고 생각하니까요.

만약 자기 앞길에 거치적거리는 사람들이 있다면 그들을 밀치고서라도 전진해야 하지요.

이기주의자는 자기 자신, 자기 이익, 자기가 가질 수 있는 것에만 정신을 쏟습니다.

이기주의자는 구두쇠와 비슷한 면이 있지요. 하지만 이기주의자는 남들에게는 인색해도 자기 좋자고 하는 일에는 돈을 펑펑 쓸 수 있습니다.

프랑스의 대문호 빅토르 위고는 자기가 이기심으로 "완전히 부풀어 오르면 영혼이 갇히고 만다"고 했습니다. 자기가 너무 중요하다 보니 다른 감정이나 행동이 들어설 자리가 없다는 얘기지요. 이기적인 사람의 영혼은 삶을 충만하게 누리기가 어렵습니다.

이기주의자는 자기중심주의자이기도 합니다. 그는 자기가 세상의 중심이라도 되는 것처럼 매사를 자기 본위로 생각합니다. 만약 사회를 구성하는 사람들이 전부 이기주의자라면 그들은 결코 함께 살아갈 수 없을 테지요.

이기주의의 반대말은 이타주의입니다. 이타주의는 다른 사람들에게 일어나는 일에 관심을 쏟고 도우려는 삶의 태도이지요. 관대함, 공평함도 이기주의와 반대되는 의미로 자주 쓰입니다.

스스로 판단하기

"이기주의자는 나를 생각하지 않는 사람이다"라는 말이 있습니다.
여러분은 이 말을 어떻게 생각하나요?

✳

관대함

관대하다는 것은 자기 시간, 돈, 여력을 필요로 하는 사람에게 내어준다는 것입니다. 대가를 바라지 않고 주는 것이지요. 나중에 자신에게 어떤 이익이 돌아올까를 생각해서 내어주는 것이 아닙니다.

관대한 사람은 이해관계를 따지거나 계산을 하는 사람이 아닙니다. 오히려 관대함이란 거저 베푸는 도움과 선행이지요. 관대함은 넉넉한 마음, 다른 사람들에게 관심을 기울이고 도움을 주며 애정을 품을 수 있는 역량을 뜻합니다.

사람들 사이에 진정한 정의가 있다면, 각자에게 마땅히 돌아가야 할 몫이 돌아간다면 관대함은 필요가 없을 거라고 말하는 사람들이 있습니다. 그렇지만 관대함은 정의와 다르기도 하고, 정의를 보완하는 면도 있지요. 관대함은 결핍을 채우고 위안을 줍니다. 관대함은 기꺼이 내어줌이니까요. 정의는 이성적이지만 관대함은 감정 지능에서 나오는 것으로, 일종의 선의입니다.

관대함은 영혼과 정신의 아름다움, 사회에 흔치 않지만 매우 필요한 장점, 그리고 인간을 더 나은 존재로 만드는 미덕입니다.

잊지 말아야 할 것

관대함을 자랑삼지 마세요. 너그럽게 행동하고 그 사실을 동네방네 알리는 사람은 관대함이라는 미덕과 모순되는 행동을 하는 것입니다.

✱

미덕과 악덕

사회의 근간이 되는 가치관을 존중하는 것이 인간의 미덕입니다.

미덕은 삶의 규칙에 해당하는 가치관을 존중하고, 그러한 가치관을 매일매일의 삶 속에서 실천하고, 그러한 가치관이 공격당하고 조롱이나 무시를 받을 때 적극적으로 옹호하는 것입니다.

미덕은 도덕 자체입니다. 그리고 도덕은 더불어 사는 데 필요한 규칙이 자기 이익이나 이기심에 맞지 않더라도 충실히 따르는 것이지요. 도덕적 존재는 양심에 거리끼지 않게 삽니다.

'부도덕한(immoral)' 것과 '도덕심이 없는(amoral)' 것은 좀 다릅니다. 도덕에 어긋나는 것과 도덕에서 벗어나 있는 것의 차이라고 할까요. 도덕에서 벗어나 있는 사람은 도덕적 관습의 요구를 자발적으로 무시합니다. 이 사람은 사회의 주변에 머물기를 택한 것입니다. 어떤 면에서는 아나키스트들이 이렇다고 할 수 있지요.

악덕은 결함, 악을 행하려는 의지, 선을 공격하고 망가뜨리려는 자세입니다. 악하다는 것은 부정적이고 남에게 해를 끼치는 생각을 품거나, 법과 권리에 의해서만 얻을 수 있는 것을 정당하지 않은 방법으로 취하려고 그러한 생각을 실행에 옮기는 것입니다. 악한 사람은 대개 약삭빠르고 자신의 진짜 의도를 잘 드러내지 않습니다. 그런 사람은 남의 실수를 유도하거나 '허풍 치기'를 주저하지 않습니다.

악덕은 선, 정직, 신의에 대한 배반입니다. 악한 사람은 도덕을 무시하고 조롱합니다.

때로는 악덕이 정신적 혼란, 콤플렉스, 불편함, 어떤 정신의 병을 감추고 있을 때도 있습니다. 가령, 악한 사람이 순진하고 무방비 상태인 어린이를 꾀어내어 성추행을 한다고 칩시다. 이런 것을 소아성애라고 하는데 이는 변명의 여지가 없으며 결코 용인할 수 없는 악덕입니다. 소아성애자는 아이를 성적으로 욕망하는 사람입니다.

악덕은 대개 배신, 도둑질, 거짓말, 사기, 부정행위 등을 동반합니다. 악덕에 지배당하는 사람은 인간관계에서 폭력을 쓴다든가 그 밖에도 실제로 나쁜 짓을 할 확률이 높지요. 악행을 일삼는 남편은 아내에게 마구 폭력을 휘두르고 심하게는 목숨까지 빼앗습니다. 프랑스의 경우, 통계적으로 이틀에 한 명꼴로 여성이 남편이나 함께 사는 남자에게 맞아 죽는다고 합니다.

스스로 판단하기

철학자 플라톤은 정말로 자기 의지로 악하게 구는 사람은 없다고 했습니다.
여러분은 이 말에 대해서 어떻게 생각하나요?

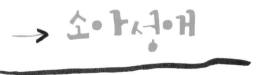

'소아성애(pedophilia)'라는 말은 '아이'를 뜻하는 그리스어 '파이스(pais)'와 '좋아하다, 사랑하다'는 뜻의 동사 '필레인(philein)'에서 유래했습니다. 이처럼 어원으로 따져본 '소아성애'는 말 그대로 '아이들을 사랑함'입니다. 그렇지만 주의하세요. 여기서 말하는 사랑은 어머니가 아이에게 쏟는 것 같은 사랑이 아니라 아이에게 해를 끼치는 금지된 사랑이니까요.

소아성애자는 아이들에게 육체적으로, 성적으로 끌리는 사람입니다. 소아성애자는 아이들을 유혹해서 자기 마음대로 만지거나 성행위까지 하려고 하지요. 그는 아이들의 순수함과 순진함, 무지, 그리고 소소한 선물 따위에 약해지기 쉬운 마음을 이용해서 접근합니다.

요컨대, 소아성애자는 아이에게 애정이라는 감정을 느끼는 사람이 아니라 아이와 성행위를 하고 싶어 하는 사람입니다. 소아성애자의 성적 접근이나 성폭력은 범죄 행위이기 때문에 법으로 처벌을 받습니다.

소아성애는 치료가 힘든 병입니다. 다시 말해, 소아성애는 정신질환입니다. 소아성애자는 정신과에서 장기간 치료를 받거나 감옥살이를 오래 하고 나서도 또다시 어린아이에게 성적으로 접근하는 경우가 많습니다. 이처럼 같은 범죄 행위를 또 저지르는 것을 재범이라고 하지요.

혹시라도 어떤 어른이 아이를 성적으로 이용하려는 상황을 알게 됐다면 부끄러워하거나 주저하지 말고 바로 믿을 수 있는 어른(부모님, 담임선생님 등)에게 알리세요. 근친상간의 경우도 마찬가지입니다.

잊지 말아야 할 것

아이를 성적으로 이용하려는 어른을 고발하면서 여러분이 부끄러워할 필요는 없습니다. 여러분의 순진함이나 호의를 이용해서 성적으로 접근하려고 하는 사람이 있다면 꼭 주위에 알리고 고발하세요.

스스로 판단하기

어떤 소아성애자들은 아이도 좋아서 한 일이기 때문에 자기네가 아이를 성적으로 이용한
게 아니라고 주장합니다. 하지만 소아성애자가 폭력을 쓰지 않고 아이를 유혹했다고 해도
이러한 주장은 이치에 맞지 않습니다. 왜 그럴까요? 여러분 생각을 말해보세요.

근친상간

**근친상간은 한 가족 내에서 부모자녀나 남매처럼 혈연으로 이어져 있는 사람들
이 육체적 관계, 다시 말해 성관계를 갖는 것입니다.**

프랑스의 경우, 만 15세 미만의 자녀와 부모의 성관계는 중죄로 규정되어 법으
로 처벌받습니다. 하지만 만 15세 이상의 미성년자에 대해서도 이 미성년자에게 권
위를 행사할 수 있는 어른(부모, 조부모, 친척, 형제나 자매)과의 성관계는 금지되어 있습
니다. 성년이 된 후에는 법적 문제가 없지만 근친과의 성관계는 도덕적으로 여전히
용인되지 않습니다.*

근친상간은 아이가 부모 혹은 친척에게 품은 신뢰를 악용하는 짓입니다. 어른은
아이에게 권위를 행사할 수 있는 자기 입장('내가 아버지니까 너는 내가 하라는 대로 해야 해',
'내가 오빠니까 너는 내가 하라는 대로 해야 해')을 이용한 것이지요. 그는 아이가 두려워한다

---

* 대한민국에서는 근대까지 사회적으로 동성동본결혼을 금기시하는 분위기가 강해 굳이 근친상간죄를 따로 둘 필요가
없었습니다. 그러나 동성동본불혼제가 폐지되면서, 1997년 이후 4촌 이내의 혈족과 2촌 이내의 인척관계인 사람이 폭
행 또는 협박으로 강간이나 강제추행 등의 죄를 범한 경우 징역에 처하도록 규정하고 있습니다.

는 것을 알고 위협을 합니다. 그러기 위해 폭력을 쓰기도 하고요. 이러한 범죄 행위를 알면서도 침묵한다면 피해 아동 혹은 청소년의 정신 건강과 균형에 심각한 폐해가 있을 겁니다.

근친상간의 금지는 사회의 토대, 사회의 기본 구성 단위인 가정의 토대입니다. 만약에 한 식구끼리만 결혼하고 아이를 낳아 기른다면 사회라는 것은 존재할 수 없을 겁니다. 그렇게 되면 인류도 종말을 맞이하겠지요.

소아성애에 대해서 그랬듯이 근친상간에 대해서도 절대 침묵해서는 안 됩니다. 가정 내에서 어른이 성추행을 하거나 성관계를 요구한다면 반드시 믿을 수 있는 다른 어른에게 말을 해야 합니다.

잊지 말아야 할 것

앞에서도 말했듯이 어른의 잘못을 고발하기를 두려워하거나 부끄러워하지 마세요. 여러분은 잘못한 게 없으니까요.

아나키즘(anarchisme)은 모든 종류의 통치, 다시 말해 기존 질서를 완전히 거부하는 것입니다. 이 단어는 어원적으로 '통치, 명령'을 뜻하는 그리스어 '아르케인

(arkein)'에 부정, 박탈의 의미가 있는 접두사 'a-'가 붙어서 만들어졌지요.

아나키스트들의 구호는 "신도 없고 지배자도 없다"입니다. 아나키즘은 특별한 자유 사상입니다. 주인, 대장, 군령, 종교적 명령, 그 무엇도 받아들이지 않지요. 아나키즘은 국가와 기성 질서를 거부합니다.

그렇지만 국가는 안전을 보장하고 법을 사회에 적용하는 역할을 합니다. 일례로, 경찰은 시민을 보호하고 범죄자를 잡아들이지요. 사법부에서는 재판을 통해 범죄에 피해를 입은 사람들의 억울함을 풀어줍니다. 이게 다 국가가 있기 때문에 가능한 일입니다.

아나키스트들은 국가가 개인의 자유를 방해한다고 생각합니다. 그들은 국회, 대학, 행정부, 군대 같은 기관들이 전부 없어져야 한다고 생각하고 그러한 기관들에 반대합니다. 그들은 무질서, 아무 구속 없는 완전한 자유를 지지합니다. 개인의 자유를 제한하는 법이나 결정은 전부 사라져야 할 것, 거부해야 할 것으로 여깁니다.

역사 속에서 이러한 거부가 폭력으로 표출되었던 적도 더러 있습니다. 어떤 아나키스트들은 자신의 사상을 책으로 남기는 데 만족했지만 또 어떤 아나키스트들은 피를 보기 원했고 결국 **테러리스트**가 되기도 했지요.

스스로 판단하기

규칙도 없고, 선생님들의 권위도 없고, 과목도 없고, 시간표도 없고, 질서도 없는 학교를 상상할 수 있나요? 자, 여러분이 상상한 그 학교의 모습이 어떨지 말해보세요.

---

* 프랑스어 'Anarchie'라는 말은 보통 '무정부주의'로 번역하지만, '아나키즘'은 정부의 유무로 따질 수 있는 것이 아니므로 아나키즘이라는 용어를 사용하였습니다.

테러리즘

테러리즘(terrorisme), 즉 테러 행위는 사회에 공포를 심는 것입니다. 이 말의 어원은 라틴어 '테레레(terrere, 겁주다, 떨게 하다)'에서 나왔습니다. 테러리즘은 사회가 벌벌 떨게 하는 겁니다.

테러 행위는 종종 우발적으로 죄 없는 사람들을 희생시킵니다. 테러는 정치 체제에 대한 가장 과격한 형태의 항의입니다.

테러리즘의 목표는 자신이 공략하려는 사회에 공포와 불안을 퍼뜨리는 것입니다. 테러리스트는 자신의 요구를 국가가 고려하거나 받아들이지 않을 수 없게끔 사회의 토대를 공격하지요.

테러리즘은 개인이나 소수 집단이 숨어서 시민의 안전을 인질 삼아 국가와 벌이는 맹목적 전쟁입니다. 하지만 그들이 이런 짓을 하는 이유는 말이 안 되거나 현실과 동떨어져 있을 때가 많습니다.

테러와의 전쟁은 여간 어려운 게 아닙니다. 테러리스트들은 비밀리에 활동합니다. 그들은 숨어서 상황을 보다가 우리의 주의가 느슨해졌을 때 일을 벌이곤 하지요.

죄 없는 사람을 무작위로 죽이는 일은 그 어떤 이유로도 용납될 수 없습니다.

스스로 판단하기

미국처럼 총을 돈 주고 사는 것이 아무 문제가 되지 않는 나라도 있습니다.
여러분은 총기 자유화에 대해서 어떻게 생각하나요?

✱

저항은 부당하다고 여기는 상황을 받아들이지 않는 것입니다. 예를 들어, 외세가 우리 국토를 점령한다면 그 상황을 거부할 수 있겠지요.

그러한 거부는 무력을 사용하는 행위, 고의적인 방해 공작, 나아가 점령군에 대한 암살 등으로 나타날 수 있을 겁니다.

프랑스는 1940년 독일에 점령을 당했습니다. 그때부터 한동안 프랑스인이라면 독일에 저항을 하든가, 그냥 침묵하든가, 아예 적국에 협력을 하든가 해야 했지요.

프랑스가 독일의 점령에서 해방될 수 있었던 데에는 레지스탕스, 즉 프랑스 저항 세력의 용기가 한몫했습니다.

무력에 호소하지 않는 또 다른 형태의 저항이 있습니다. 이것을 비폭력 저항이라고 합니다.

인도가 대영제국의 식민지가 되었을 때 마하트마 간디는 '비폭력 저항 운동'을 이끌었지요. 그는 "비폭력은 인류가 사용할 수 있는 가장 큰 힘입니다. 인간이 만들어낸 그 어떤 가공할 무기보다 비폭력이 더 힘이 셉니다"라고 했습니다.

간디는 인도의 독립에 중대한 역할을 했습니다. 그러나 비폭력 저항이 야만을 상대로 늘 승리할 수 있는 것은 아닙니다. 더욱이 간디 본인도 1948년 1월 30일 어느 광신도에게 암살당해 죽고 말았지요.

점령 국가에 대한 공격 행위를 하는 사람은 테러리스트가 아닙니다. 레지스탕스

활동가들은 주로 점령 국가의 군인이나 경찰을 공격합니다. 반면, 테러리스트는 공포를 조장하기 위해 무방비 상태의 민간인을 공격합니다. 테러리스트들은 때때로 자신들의 범죄를 정당화하기 위해 종교 뒤에 숨어서 종교적 명분을 앞세우고 행동합니다.

스스로 판단하기

외세에 점령당했던 시기에 독립운동을 했던 분들이나 그분들의 후손에 대해서 얼마나 알고 있나요? 여러분의 상황에서, 여러분 나이에는 무엇에 저항해야 한다고 생각하나요? 자유롭게 말해보세요.

종교

종교는 같은 믿음, 같은 신을 섬기는 마음, 그리고 그 종교를 떠받치는 가치관을 통하여 사람들을 이어주는 것입니다. '종교(religion)'라는 단어는 라틴어 '리가레(ligare, 잇다)'에서 나왔습니다. 이렇듯 종교에는 연결이라는 개념이 깃들어 있습니다.

인간은 늘 믿을 것이 필요했습니다. 자꾸만 떠오르고 불안을 자아내는 의문들에 답을 찾기 위해서는 뭔가가 필요했으니까요. 인간은 미지의 것을, 죽음을 두려워하고 죽음 이후를 생각하면 불안해합니다. 이 불안을 달래기 위해 인간은 종교를 통하여 신을 따르고 의지하게 되었습니다. 신은 모든 인간 위에 있으면서 세계를 관

157

장하는 역할을 합니다.

대부분의 종교는 경전에 바탕을 둡니다. 그 종교가 옹호하는 근본 가치, 인간의 삶과 죽음과 미지의 것에 의미를 부여하는 가치들을 글로 풀어 쓴 것이 경전이지요. 그리스도교에는 성경이 있고, 이슬람교에는 코란이 있으며, 유대교에도 토라를 비롯한 여러 경전이 있습니다.

서양의 3대 종교는 모두 오직 하나의 신을 믿는 유일신교입니다. 앞에서도 말했듯이 그리스도교, 이슬람교, 유대교가 여기에 해당합니다. 이 종교들은 직접 계시되었거나 예언자들을 통하여 계시된 말씀에 근거합니다. 종교에 몸담은 신도들에게는 **신앙**이 요구됩니다.

프랑스는 1905년부터 통치와 종교를 분리한 세속국가입니다. 세속국가는 모든 시민에게 신앙을 갖거나 갖지 않을 자유를 보장합니다. 종교가 있든 없든 간에 아무도 이 자유에 이의를 제기할 수는 없습니다.

여기서 말하는 세속성은 종교를 거부하거나 싫어한다는 의미가 아닙니다. 종교가 사적 영역 안에, 개인의 것으로 남아야지 교육이나 정치처럼 공적인 문제에 얽혀 들어와서는 안 된다는 것입니다.

내가 종교적인 믿음이 있든지 없든지, 그건 아무하고도 상관없습니다. 그건 단지 나의 권리, 나의 자유일 뿐입니다. 내가 신앙생활을 하든지 아무것도 안 하든지, 그건 내 선택이고 다른 사람은 이 선택에 개입할 권리가 없습니다.

스스로 판단하기

여러분은 자연스럽게 부모님의 종교를 따라야 한다고 생각하나요, 아니면 여러분이 스스로 종교를 선택하거나 아무 종교도 믿지 않고 살기로 결정해야 한다고 생각하나요?

✳

신앙

신앙은 믿음입니다. 신의 존재를 믿거나 종교의 가르침을 믿거나 하는 의미로 말입니다.

신앙은 설명되지 않습니다. '신앙이 있다'는 말은 '나는 그냥 믿을 뿐이요, 설명해야 할 것이 없다'는 뜻입니다. 마음속의 확신은 따지거나 반박할 수 없습니다. 신앙이 있으면 있는 것이고 없으면 없는 것일 뿐이지요. 그냥 그런 겁니다.

하지만 살다 보면 어떤 중대한 사건, 트라우마, 모든 것을 휩쓸어갈 만한 심리적 충격을 계기로 신앙을 잃기도 합니다. 정반대의 경우도 있습니다. 어떤 사람은 개인적으로 힘든 일이나 비극을 겪고 난 후에 신앙을 찾기도 합니다. 신앙이 그들에게 피난처가 되어준 것이지요.

그런데 믿음을 적용할 수 있는 영역과 그렇지 않은 영역이 있습니다. '나는 아무 문제 없이 규칙을 지키고 있다'라고 생각했는데 실상은 그렇지 않은 경우도 있고요.

예를 들어, 학교에는 자체적인 규칙이 있습니다. 그런데 학생이 그 규칙을 무시해서가 아니라 정말로 그 규칙을 잘 몰라서 어기는 일이 있을 수 있습니다. 이 학생에게는 나쁜 의도가 전혀 없었던 셈이지요.

일반적으로 이렇게 모르고 규칙을 어겼을 때는 이해를 해주는 편입니다.

고의 혹은 악의로 한 일은, 반대로 잘못된 것인 줄 알면서도 의도를 가지고 그런 일을 하는 경우입니다. 잘못됐다는 것을 알 뿐만 아니라 그 잘못을 계속 끌고 가기까지 하지요.

예를 들어볼까요. 여러분이 "미국이 달 착륙에 성공했다는 건 거짓말이야. 그건 미국이 꾸며낸 선전일 뿐이야"라고 도발적으로 선언한다 칩시다. 그런데 여러분은 사실 미국이 달 착륙에 성공한 것이 역사적 진실이고 여러분이 한 말이 거짓이라는 것을 압니다. 음, 왠지 지구가 둥글다는 것을 알면서도 지구가 평평하다고 말했던 누군가가 생각나네요.

고의가 아닌 일의 예를 들어봅시다. 신분증을 제시하라고 규정에 명시되어 있는 시험을 보러 갔는데 신분증을 깜박 잊고 가져오지 않은 것을 알았습니다. 그래서 솔직하게 "깜박 잊고 안 가져왔습니다"라고 말했습니다.

또 다른 예를 들어볼까요. 하루 정도 더 있다가 제출해도 되는 숙제라고 생각했기 때문에 숙제를 끝내지 못했다 칩시다. 이때는 고의로 숙제를 안 한 것이라고 볼 수 없지요.

스스로 판단하기

좋은 의도와 나쁜 의도의 또다른 예를 들어보세요.

✳

→ 세속성

세속성은 종교를 거부하거나 싫어한다는 의미가 아닙니다. 종교는 사적 영역이 므로 공공의 문제에 개입시켜서는 안 된다고 보는 것이 세속성이지요. 프랑스는 2004년 3월 15일부터 법에 따라 공립학교에서 눈에 띄는 종교적 표식을 착용하는 것이 금지되었습니다. 남학생이 유대교도임을 나타내는 키파를 쓰고 학교에 오거나, 여학생들이 이슬람교 특유의 베일을 두르고 오거나, 보란 듯이 커다란 십자가를 목에 걸고 와서는 안 되지요.

공립학교는 학생 공동체의 통일성을 유지해야 합니다. 학생 한 사람 한 사람은 당연히 다르지만 학교에서는 각자의 종교적 소속을 제쳐놓아야 합니다.

학교, 시청, 법정 같은 공공기관과 공공장소를 제외하면 종교는 사회생활이나 문화생활에 풍부하게 관여합니다. 누구나 자기 나름의 신앙생활을 하고, 교회나 성당이나 이슬람 회당이나 유대교 회당에 다니고, 서로 다른 종교의 관습에 따라 결혼을 할 권리가 있습니다.

국가는 국민이 낸 세금으로 특정 종교의 사업을 지원할 권리가 없습니다. 요컨대, 국가는 이슬람 회당이나 유대교 회당이나 성당의 건축 사업에 공공보조금을 지급할 수 없습니다.

프랑스는 오랜 논쟁과 투쟁 끝에 국가와 가톨릭 교회를, 다시 말해 정치와 모든 종류의 종교를 분리하는 법을 수립했습니다. 이 정교분리법은 1905년 12월에 의회에서 가결되었지요.

무신론은 신을 믿지 않는 태도입니다.

모든 사람은 신을 믿거나 믿지 않을 절대적 자유가 있습니다. 그것은 개인의 기본적 자유입니다. 종교적 신념을 가졌다는 이유로, 혹은 종교를 믿지 않는다는 이유로 처벌할 권리는 그 누구에게도 없습니다.

무신론은 타협할 수 없는 자유에 의한 선택입니다. 개인적으로 확신이 있어서, 혹은 경전을 연구하고서, 혹은 가정교육에 의해 신앙을 가질 수 있는 것처럼, 신이 정말로 존재하는지 그렇지 않은지 깊이 의심하고 성찰한 후 무신론자가 될 수도 있는 겁니다.

스스로 판단하기

영화감독 루이스 부뉴엘은 이런 농담을 했습니다. "나는 무신론자입니다. 신 덕분이지요!"
여러분은 이 농담에 대해서 어떻게 생각하나요?

양심의 자유

신을 믿든지 믿지 않든지 개인이 선택할 자유, **자기가 믿는 것과 믿지 않는 것을 스스로 판단할 자유**를 말합니다.

어떤 나라에서는 개인에게 양심의 자유를 허용하지 않습니다. 일례로, 이슬람 국가 중에서는 튀니지만이 이 자유를 헌법에 명시하고 있지요. 이슬람이 국교(國教)인 나라에서는 신앙이 없다는 이유로 감옥에 끌려갈 수도 있습니다. 양심의 자유가 없는 것이지요.

사우디아라비아나 이집트 같은 나라에서 이슬람교 교육을 받고 자랐음에도 무신론자임을 공개적으로 표명하는 사람은 '배교자' 소리를 듣고 사형을 당할 수도 있습니다.

다양한 사람들이 더불어 살아가는 요즘 시대에 양심의 자유는 인간 존엄의 일부이기 때문에 어디서나 중요합니다. 모든 종교, 그리고 믿지 않는 이들까지도 인정하는 가치가 인간의 존엄이니까요. 이것은 서로 다른 사람들이 평화롭게 어울려 살아가기 위한 필수 조건입니다.

스스로 판단하기

양심의 자유 없이도 살 수 있을까요?

✳

→ 자유

자유롭다는 것은 구속이 없고 자율적이고 누구에게도, 그 무엇에도 좌우되지 않는다는 뜻입니다. 감옥처럼 '자유가 없는' 곳도 있지요. 하지만 감옥에 가지 않더라도 자유롭지 못한 신세일 수 있습니다. 예를 들면 다른 사람이나 사물, 시스템에 지배를 받는 경우가 그렇지요. 마약에 중독된 사람은 마약이 없으면 살 수 없기 때문에 자유롭지 않습니다. 노름에 빠져 사는 사람 역시 자유롭지 않습니다. 그는 도박 중독에 지배당하고 있으니까요. 그 역시 도박을 하지 않고는 살 수가 없습니다.

자유는 세상을 살아가는 존재라면 누구나 요구하는 가장 귀하고 좋은 가치입니다. 인간은 때때로 자유를 얻기 위해 전쟁도 하고, 악착같이 투쟁을 계속하고, 다른 사람들에게 의존하지 않으려고 열심히 일합니다.

자유에는 일단 신체의 자유가 있습니다. 우리에게는 운신의 자유, 그 무엇에도 구속당하지 않고 움직일 자유가 있습니다. 내가 집 밖으로 나가고 싶으면 나갈 수 있습니다. 하지만 정신의 자유도 있습니다. 정신이 자유롭다는 것은 어떤 것에도 얽매이지 않고, 편견이나 조건이나 사회적 관습에 휘둘리지 않고 자기 뜻대로 사유할 수 있는 여지가 충분하다는 의미입니다.

자유는 정신의 요구들로써 나타납니다. 타인에게 피해를 주지 않는 선에서 우리는 자기가 하고 싶은 것을 뭐든지 할 수 있습니다.

자유를 명분 삼아 무슨 일이든 해도 된다는 뜻이 아닙니다. 타인들의 삶을 항상

고려해야 합니다. 그러므로 나의 자유에는 한계가 있습니다. 나의 자유는 절대적이지 않습니다. 나의 자유가 멈추는 바로 그곳에서 타인의 자유가 시작된다는 말을 들어봤나요? 나에게는 타인의 자유를 침해할 권리가 없습니다.

우리는 반박할 수 없는 진리처럼 제시된 것, 특히 종교의 가르침에 얽매이지 않고 오히려 문제를 제기하는 사람을 '자유사상가'라고 부르지요. 자유사상가는 이성이 아니라 믿음에 기반한 주장에 매이기를 거부합니다.

자유는 '윤리적' 가치이자, 살아 있는 인간의 가장 중요한 특징입니다.

그렇다면 '표현의 자유'란 뭘까요? 아무것도 감추지 말고 뭐든지 다 말해야 할까요? 표현의 자유는 민주주의가 보장하는 기본권입니다. 그러나 이 권리가 절대적일 수는 없습니다. 다시 말해, 한계가 없을 수는 없습니다. 표현의 자유라는 권리는 다른 가치들, 이를테면 종교와 출신을 따지지 않는 인간에 대한 존중을 고려해야 합니다.

인종주의는 때때로 이 권리를 악용하여 타인을 깎아내리고 일부러 모욕적인 발언을 합니다. '이슬람을 믿는 놈들은 다 바보야'라든가 '유대인은 돈밖에 몰라'라고 떠들어놓고서 그걸 표현의 자유라고 생각해서는 안 됩니다. 그런 건 모욕이고 공격이지요. 다른 종교를 믿는 타인을 모욕하거나 공격할 권리는 누구에게도 없습니다. 종교에 대해서 비판할 것이 있으면 비판해야겠지요. 하지만 그 종교를 경건하게 믿는 사람들을 싸잡아 모욕해서는 안 됩니다.

표현의 자유가 있다는 이유로 다른 종교의 예언자나 성인을 우스꽝스럽게
희화해서 그려도 될까요?

도덕규범은 모든 상황에서 존중되어야 하지만 그중에서도 특정 직업이나 소임에 적용되는 규칙들이 있습니다. 이러한 규칙들을 직업윤리라고 합니다. 의사, 기자, 경찰 등 고유한 힘이나 권위, 특수한 책임이 있는 직업인들에게는 직업윤리가 반드시 필요합니다.

직업윤리는 말 그대로 일종의 **윤리**입니다. 자기 일을 하면서, 타인들과의 관계 속에서, 일반 이익보다 개인의 이익을 챙기는 일이 없게끔 이 규칙들을 존중합니다. 달리 말하자면, 자기가 권력을 쥐고 있는 상황을 이용해서 자기에게만 좋은 일을 해서는 안 됩니다.

예를 들어 기자에게는 직업윤리가 필요합니다. 자신의 관심이나 견해를 편견 없이 객관적으로 전달해야 하는 정보와 혼동해서는 안 되지요. 직업윤리가 없는 기자는 그 직업에서 추방되어야 합니다. 사실, 다른 직업들도 마찬가지지만요.

직업윤리 없는 판사는 부패한 판사입니다. 그런 사람이 재판을 맡아서는 안 됩니다. 자신의 의무와 개인적인 복수를 혼동하는 경찰, 혹은 경찰복을 입고서 개인적인

167

정치 이념에 따라서 행동하는 경찰은 직업윤리가 없는 겁니다.

재판장에 나간 사람이 판사를 믿을 수 있으려면, 환자가 의사를 믿을 수 있으려면 직업윤리가 잘 지켜져야겠지요. 어떤 나라에서는 돈만 있으면 판사나 경찰을 '매수' 할 수 있다고 하지요. 그 나라 사람들은 직업윤리가 없는 사회에서 사는 셈입니다.

스스로 판단하기

여러분 주위에서 직업윤리가 부족한 모습을 본 적이 있나요? 예를 들어 말해보세요.

관용은 우리 관습에 들어맞지 않거나 우리에게 방해가 되는 사실이나 상황을 받아들이는 것입니다.

관용은 다른 신념, 다른 종교, 다른 세계관의 존재를 받아들이는 것이라고들 하지요. 나 아닌 다른 사람이 내가 믿는 신과는 다른 신을 섬길 수 있습니다. 다른 문화적 관습과 풍습을 배척해서는 안 됩니다. 다른 사람도 나와 마찬가지로 자기가 믿는 것에 충실할 권리가 있음을 인정하는 자세는 정신, 이해, 지성의 개방성을 드러냅니다. 인간의 다양성, 신념의 다양성을 인정하는 자세라고 할까요.

하지만 뭐든지 너그럽게 보아 넘겨야만 할까요? 아니오, 그렇지 않습니다. 관용에도 한계가 있습니다. 비록 내가 다른 사람들의 생각에 열려 있을지라도 용납할 수 없는 것, 이를테면 인종차별적인 행동이나 범죄를 일으킬 수도 있는 생각, 무고한 유대인을 수백만 명이나 죽였던 나치즘 같은 이데올로기는 단연 거부해야 합니다.

나는 나의 자유가 짓밟히지 않고 나의 신념과 어긋나는 생각을 책임질 필요가 없다는 조건에서만 관용을 베풉니다. 한계가 없는 관용, 뭐든지 다 괜찮다고 허용하는 자세는 불가능합니다.

객관성과 주관성

객관성과 주관성은 서로 반대되는 말입니다.

주관성은 나의 고유한 관점에 해당하는 것입니다. 주관성(subjectivité) 안에는 주체(sujet)가 있습니다.

객관성은 반대로 개인의 관점을 포함하지 않습니다. 될 수 있는 한 정확하게 현실을 바라보고 어떤 것을 평가할 때 개인적인 취향이나 선호를 반영하지 않는 사람은 객관적인 사람이라고 말할 수 있지요.

취향과 선호, 그리고 편견까지도 사실은 다 주관적인 것이지요. 완전한 객관성

169

에 도달하기는 어렵습니다. 어떤 사물이나 사실을 객관적으로 묘사하려고 노력할 때 자신도 미처 깨닫지 못하는, 무의식에 해당하는 감정이나 성향이 끼어들 수 있기 때문입니다.

기자들은 객관적인 자세로 정보를 전달해야 합니다. 사람들이 알고 싶어 하는 것, 알아야 하는 것은 그들의 의견이 아니라 진실이니까요. 이것은 **도덕**의 문제이기도 합니다.

스스로 판단하기

객관적인 자세를 취하기 위한 조건으로는 어떤 것들이 있을까요? 생각해 보세요.

도덕은 선과 악을 구별하는 규칙, '규범'의 집합입니다. 도덕이 있기에 우리는 인간, 그리고 인간의 권리와 존엄성을 존중하면서 살 수 있습니다.

도덕 규칙은 문명화된 사회, 즉 모두가 기본권을 침해당하지 않고 함께 살아가는 방식을 수립한 사회에서 사회를 떠받치는 가치들로부터 비롯됩니다. 서로 돕는 자세는 이 가치들 중에서도 특히 중요합니다.

그러므로 도둑질, 거짓말, 멸시, 모욕, 공격, 욕설, 배신은 부도덕한 사람이나 저지르는 짓입니다. 그런 사람은 서로 돕고 살아야 한다는 보편적 도덕과 반대되는 일

을 한 것입니다.

도덕은 공적 영역에 속합니다. 다들 일상에서 도덕적으로 생활하고 있는지 스스로 생각해 봐야 합니다. 도덕은 개인으로서 한 존재를 규정하는 가치이기도 합니다. "그 사람은 참 도덕적이야"라는 말은 믿을 수 있는 사람, 믿어도 되는 사람이라는 의미를 담고 있지요. 우리는 그 사람이 사실을 왜곡하거나 거짓말을 하지 않는다는 것을, 남의 약점을 이용해 농락하거나 남의 것을 제 것으로 삼지 않는다는 것을 압니다.

우리는 도덕에서 일종의 지혜를 봅니다. 지혜로운 시민들은 함께 살아야 한다는 것을 알기에 규칙과 규범을 따르지요. 도덕적인 행동을 하는 사람은 자기 이웃의 존재를 생각합니다. 예를 들어, 매일 밤 요란하게 음악을 틀고 파티를 하고 싶어도 이웃에게 방해가 된다는 생각을 하면 그럴 수 없지요.

도덕이 자기와 아무 상관도 없는 것처럼 생각하는 사람에게 '도덕이 없다'고 합니다. 도덕에 정면으로 맞서는 사람은 부도덕하다고 하고요. 앞에서도 말했듯이 도덕이 없는 것과 부도덕한 것은 다릅니다.

도덕적으로 살려면 먼저 자기 자신을 알고 타인들을 알아야 합니다. 그러기 위해서는 노력, 연구, 성찰, 그리고 관심이 필요합니다. 사람들뿐만 아니라 동물과 자연 전반에 대한 진정한 관심 말입니다.

스스로 판단하기

여러분은 '도덕은 인간의 고유성'이라고 말할 수 있다고 생각하나요?

✱

→ 윤리

윤리는 가장 근본이 되는 도덕에 부분적으로 기대어 있는 가치입니다. 윤리는 일반적인 행동에서 보편적이라고 생각되는 규칙들, 다시 말해 어느 시대, 어느 장소에서나 통용되는 규칙들을 철저하게 지키는 자세입니다. 윤리는 도덕을 보완합니다.

가령, 정의는 윤리에 근거해야만, 다시 말해 반드시 지켜야만 하는 몇 가지 규칙이 있어야만, 진정으로 정의로울 수 있습니다. 그러한 규칙들이 판사의 행동과 결정에 길잡이가 되어야 합니다. 윤리가 없으면 도덕도 없습니다. 도덕이 없으면 권리와 정의도 없습니다.

윤리가 있다는 것은 어떤 원칙에서 비롯된 행동 규칙이 있다는 것입니다. 그 원칙이란 인간의 권리와 존엄성에 대한 존중에는 예외나 타협이 없다는 것, 누구도 그냥 통과시켜주거나 남들보다 잘 봐주는 일이 없다는 것입니다.

사회적 관습으로 정해진 도덕법만으로는 우리의 행동을 도덕적으로 이끌지 못합니다. 개별 상황은 복잡하고 까다로운데 법은 단순하고 명쾌해야만 하니까요. 윤리는 그런 면에서 근본적인 것, 도덕의 정신을 지키라는 요구라고 할 수 있습니다.

잊지 말아야 할 것

도덕법만 생각하면 살인을 저지른 사람은 무조건 엄벌에 처해야 합니다. 하지만 윤리를 생각하면 살인죄를 저지르게 된 특수한 상황과 사정까지 고려하게 됩니다. 예를 들어, 폭력적인 남편에게 매일 맞고 살던 아내가 자기 목숨이 위협받는 상황에서 남편을 죽였다 칩시다. 이 아내의 죄를 심판할 때는 그러한 상황이 충분히 참작되어야 할 겁니다. 아내가 왜 남편을 죽이게 됐는지를 충분히 고려해야 하지요. 이처럼 도덕은 윤리로 보완되어야 합니다. 그렇지만 이 말은 재판에 호소하지 않고 개인적으로 정의를 구현해도 된다는 뜻이 아닙니다.

인간은 이성으로 세계, 타인, 자기 자신을 이해합니다. 이성은 논리적으로 생각하고 어떤 규칙들을 적용할 수 있는 능력입니다. 논리적으로 생각한다는 것은 가령 2 × 2 = 4, 부분보다는 전체가 크다, 이런 사실들을 인정하는 것입니다.

이성은 다른 사람과의 토론에서 우리의 길잡이가 됩니다. 이성이 있기에 우리는 의심하고, 논리적인 주장을 찾아내고, 생각을 잘 구조화할 수 있습니다. 또한 이성적으로 판단해서 타인의 견해와 논증을 받아들일 수도 있습니다.

이성은 사유와 행동의 작업 도구, 틀, 방법입니다. 이성은 참과 거짓, 선과 악을 분별하고 진실을 공유할 수 있는 인간의 능력입니다.

그렇기 때문에 이성은 신앙이나 신념과 다릅니다. 신앙이 있는 사람은 종교적 권위에 의문을 제기하지 않고 순종합니다. 신도는 사제, 목사, 랍비, 이맘의 말씀을 받아들이고 그 길을 따라 살지요. 반면, 이성을 따라 사는 사람은 제대로 사유하는 이상 반박하거나 거부하지 못하게끔 조리 있게 매사를 설명하고 분석하려 듭니다.

경전을 제대로 읽어본 사람이라면 종교가 이성에 자리를 내어줄 수 있다는 것을 압니다. 신자이면서도 이성적인 사람으로 살 수 있습니다. 이성을 완전히 버리고 종교만 바라보면 광신도가 됩니다. 광신도는 어떤 생각에 대해서는 결코 타협하지 않을뿐더러 침착한 논의 자체가 불가능하지요. **광신**은 꽉 닫힌 사고의 극치입니다.

이성에 의지하지 않고는 참다운 시민이 될 수 없습니다.

이성적이라는 것은 정신 나간 짓을 할 리 없다는 뜻이지요. 미친 사람은 선과 악, 참과 거짓을 분별하는 능력을 잃어버린 사람입니다. '이성을 잃었다'는 표현은 자기 말과 행동이 불러올 결과를 생각지 않고 언행을 함부로 할 때 쓰입니다.

스스로 판단하기

가끔은 이성을 접어두어도 괜찮을까요? 예술이나 시가 늘 이성적일 수는 없습니다.
가령, 20세기 초 시인들은 이성을 거부하고 초현실주의 운동을 벌이기도 했지요.
여러분의 생각을 말해보세요.

광기

광기는 머릿속에서 일어나는 무질서, 정신의 혼란입니다. 정신의 균형과 지표를 잃고, 이성적으로 추론을 하지 못하거나 괴상한 행동, 사회의 요구와 맞지 않는 행동을 변명하기 위해 이상한 방식으로 이성을 사용합니다.

광기는 사람이 사회 속에서 일하고 살아가지 못하게 하는 병입니다. 정신질환자 중에는 사회의 규칙, 법, 관습을 잊은 나머지 '무엇을 해도 되고 무엇을 하면 안 되는지' 모르는 사람도 있습니다.

어린 시절의 어떤 사건이나 강한 정신적 충격(트라우마)에서 비롯된 중증 정신질환이 있는가 하면 심기가 상하거나 스트레스가 심한 상태에서 일시적으로 미친 사람처럼 구는 가벼운 광기도 있습니다.

미친 사람은 이성적으로 사유하지 못하기 때문에 어떠한 일에 책임을 지지 않습니다. 이 사람에게는 판단력, 흔히 '지성'이라고 부르는 능력, 다시 말해 자신의 이성을 사용하는 능력이 없습니다.

정신질환은 의학적으로 치료해야 하는 병입니다. 그러나 이 치료는 대개 어렵기도 하고 오랜 시간을 필요로 합니다. 정신의학, 즉 정신질환을 다루는 의학은 지난 수십 년 사이에 과학의 진보에 힘입어 크게 발전했지요.

스스로 판단하기

'미쳤다'는 말은 정신질환에 대해서 쓰지만
너무 행복하고 너무 좋아서 견딜 수 없을 때에도 씁니다.
가령, 어떤 사람을 열렬히 사랑하게 되면 '좋아서 미치겠어'라고 하지요.

→ 지성

지성은 인간의 이해력, 좀 더 정확하게는 우리가 읽거나 들은 것을 이성적으로 이해하고 판단하기 위해 사용하는 역량들의 총체입니다.

기이하고 희한한 일이 일어나면 "당최 이해할 수가 없네"라고 말하곤 합니다. 말 그대로, 인간의 정신으로서는 이해할 방법이 없는 겁니다.

그런데 여기서 말하는 지성은 단순히 알아차리거나 알아듣는 능력 이상입니다. 합리적인 정신은 각각의 요소들을 연결하고 그 안에서 어떤 정합성, 다시 말해 논리를 발견하지요.

지성은 딱 보면 바로 알 수 있는 것보다 더 넓은 영역을 포용합니다. 우리의 이성과 **지능**을 함께 사용하는 것이 지성입니다.

인간은 처음에는 자연스럽게 알아차리지 못했던 것도 차차 인정하고 이해할 수 있습니다. 지성은 더 멀리 나아갑니다. 지성은 노력과 한층 더 깊이 있는 사유를 요구합니다. 단박에 알 수 없었던 것을 설명하기 위해 이성에 호소합니다.

177

"알아들었어"라는 말은 "이해했어"라는 뜻입니다.*

스스로 판단하기

여러분은 이성과 지성 사이에 어떤 관계가 있다고 생각하나요?

지능은 사물을 이해하고 새로운 상황에 적응하는 능력입니다. 지능이 뛰어난 사람은 남들보다 더 빨리, 더 깊이 이해하기 때문에 학습을 잘하는 편입니다.

세계는 복잡하고, 광대하고, 다양하며, 때때로 이해하기 어려운 면이 있습니다. 인간이 세계의 모든 면을 이해할 수는 없다고 받아들여야 하지요. 우리가 이해할 수 있는 것의 한계를 인정하고 그 한계를 고려하여 노력을 기울이는 것이 정말로 똑똑한 자세입니다. 세계를 다 이해할 수 있다는 주장은 허세일 뿐입니다. 아무도 그럴 수 없습니다. 의학이 이렇게나 발달했는데도 세계에는 우리가 원인을 밝혀내지 못해 치료할 방법도 모르는 질병이 얼마나 많은지 모릅니다.

179

---

* 프랑스어에서는 'entendement'라는 단어가 '지성'(영어로 Understand)과 '들음'이라는 두 가지 의미를 함께 갖습니다.

철학자 앙리 베르그송은 "지능의 특성은 생을 당연하게 이해할 수 없다는 데 있다"라는 재미있는 말을 남겼는데요. 이 말은 곧잘 '똑똑한 사람에게는 세계가 이해되지 않는다'라는 의미로 쓰이곤 하지요. 이게 바로 역설(paradoxe)입니다. 역설은 어떤 것을 일견 모순적으로 보이게 진술하는 방식이지요.

인간의 지능은 현실을 구성하는 다양한 요소를 빠르게 이해하고 새로운 것에 적응할 줄 아는 능력입니다. 동물 중에도 일부는 인간의 지능과 흡사한 지능을 지니고 있습니다.

그런데 지능에도 여러 형태가 있습니다.

예를 들어, 어려운 수학 문제를 풀어내는 지능이 뛰어난데 사회 지능, 감정 지능은 부족할 수도 있습니다. 사회 지능, 감정 지능이 발달한 사람은 상대가 말하지 않거나 애매하게 둘러 말해도 그 사람이 무슨 말을 하고 싶은 것인지 잘 알아차리지요.

기계를 작동시키는 도구와 기제를 이해하고 따라잡는 능력에 대해서는 '기술 지능'이라는 표현을 쓸 수 있을 겁니다. 이것은 도덕 지능, 사회 지능, 관계 지능과 또 다른 종류의 지능이지요.

지능이 높다는 것은 어떤 새로운 상황이 닥치든 잘 적응하고 예상하지 못했던 문제에도 답을 찾을 수 있다는 의미이지요. 그래서 쥐의 지능을 검사할 때는 쥐가 늘 다니던 경로를 바꿔놓은 후 어떻게 새로운 경로에서 길을 찾아가는지 살펴봅니다.

우리는 기술 지능, 도덕 지능, 사회 지능의 조화로운 조합을 추구해야 합니다. 이 조합이 실천 지능이지요. 모든 요소를 고려하면서 행동할 줄 아는 사람은 실천 지능이 뛰어난 겁니다.

지능은 잘 키울 수 있습니다. 지능은 한번 주어지면 영영 변하지 않는 게 아니지요. 지능은 갈고닦지 않으면 녹슬고 무뎌집니다.

어쨌든, 인간의 지능에는 한계가 있습니다. 인간은 결코 모든 것을 이해할 수 없습니다.

한 가지 묻고 싶어지네요. 지능이 있는 인간이 자기 생존이 위태로울 만큼 환경을 파괴하면서 살아가는 현실을 어떻게 설명해야 할까요? 또는, 이렇게 묻고 싶습니다. 지능이 있다는 인간이 언젠가 자기 생명을 위협할지도 모르는 대량살상무기를 만드는 이유는 뭘까요?

아무리 뛰어난 지능도 어리석음을 예방하는 백신 역할은 하지 못합니다.

스스로 판단하기

지능이 아주 높은 사람도 어리석은 일을 저지를 수 있다고 생각하나요?
여러분 생각을 말해보세요.

오늘날 인공지능은 우리의 생활 속으로 들어오고 있지요. 가령, 복잡한 문제를 풀 수 있는 로봇은 인공지능을 갖춘 것입니다. 흔히 미래의 과학에서는 인공지능이 핵심이 될 것이라고들 하는데요. 하지만 인공지능에도 한계가 있습니다. 상상력이

나 도덕적 판단이 필요할 때, 로봇은 흉내만 낼 수 있습니다. 상상하거나 판단을 내리는 척만 할 수 있지요.

인공지능은 그 역량이 아무리 대단하더라도 결국 인간의 지능에서 나온 것입니다. 스스로 지능을 갖추게 된 기계는 없습니다. 복잡하고 까다로운 문제를 해결하는 기계를 만든 것은 인간입니다.

요즘은 병원에서도 로봇이 정교한 수술을 담당하곤 합니다. 하지만 그 로봇의 금속 팔을 조종하는 것은 인간이지요. 로봇은 항상 인간의 통제하에 있습니다. 인공지능의 이면에도 늘 인간이 있어야 합니다.

인공지능이 설정하는 계산과 예측 체계를 **알고리즘**이라고 부릅니다.

스스로 판단하기

어떤 과학자들은 앞으로 수십 년 후에는 인간을 뛰어넘는 지능을 갖춘 컴퓨터 프로그램들이 나올 거라고 합니다. 그렇게 되면 인간이 위기에 몰릴 수도 있다고 생각하나요?

알고리즘은 일종의 계산으로, 산술 문제 해결에 필요한 기술과 규칙의 총체입니다. '알고리즘(algorithme)'이라는 단어는 9세기경 아랍 학자로서 지리와 수학에 조예가 깊었던 알 콰리즈미의 이름에서 유래했습니다.

알고리즘에서는 연속된 단순 지시들이 하나의 정보로 귀착됩니다. 요리의 레시피에 비유해볼까요. 레시피는 여러 개의 간단한 지시를 순서대로 따라가면서 실행하면 요리를 완성할 수 있게 해주지요. 오락이나 정보 프로그램도 마찬가지입니다. 알고리즘은 소비자의 습관을 파악하고 그 정보를 활용하여 소비자가 기대하는 것을 제안합니다. 소비자는 자기가 어떤 프로그램을 선택했다고 생각하지만 실상은 알고리즘이 소비자의 성향을 알아차리고 그 사람과 성향이 비슷한 다른 사용자들의 정보를 활용해 대신 선택을 해준 것이지요.

이런 식으로 알고리즘의 확산은 우리의 자유 가운데 어떤 부분을 위협합니다. 내 선택의 진정한 주체가 내가 아니라면 과연 나는 선택의 자유가 있다고 할 수 있을까요?

어떤 연구에 따르면 현재 직업 활동의 50퍼센트는 앞으로 자동화되어 일자리가 그만큼 사라질 것이라고 합니다. 하지만 인공지능을 사용할 때는 늘 경계심을 늦추지 말고 도덕적 가치로 중심을 잡아야 합니다. 그러지 않으면 '슈퍼컴퓨터'로 설계된 기계는 우리가 더불어 살기 위해 꼭 필요한 인간적, 도덕적 가치를 무시해버릴지도 모릅니다.

인공지능은 기술의 위대한 진보입니다. 그러나 이 진보에 인간의 사유와 성찰이 뒤따르지 않으면 인류는 재앙을 맞이할 위험이 있습니다.

비행기는 컴퓨터의 지시를 따라 안전하게 비행할 수 있습니다. 이런 것을 '자동 조종'이라고 부르지요. 그렇지만 조종사가 자동 조종 상태에서 딴짓을 해도 되는 건 아닙니다. 그는 이 비행이 프로그래밍되어 있는 기계를 잘 지켜보아야 하지요. 혹시라도 컴퓨터에 이상이 발생한다면 사람이 바로 조종을 이어받아 비행기를 무사히 목적지까지 몰고 가야 할 테니까요.

스스로 판단하기

알고리즘이 우리 생활에 개입하는 경우를 예로 들어보겠습니다. 여러분이 드라마 시리즈, 극영화, 다큐멘터리 등을 볼 수 있는 채널을 구독한다고 칩시다. 기계는 여러분의 선택, 특히 여러분의 시청 습관을 주의 깊게 추적합니다. 알고리즘은 여러분의 선택을 바탕으로 여러분이 좋아하는 것과 좋아하지 않는 것을 파악합니다. 여러분의 성향을 계산해내고 여러분의 욕망을 예측하는 것이지요. 알고리즘이 누구보다 여러분을 잘 알지도 모릅니다. 마치 여러분을 염탐하는 스파이 같다고 할까요! 이 모든 것은 인간이 생산하고 판매하는 것의 수익을 극대화하기 위해 설계되었습니다. 이 경우, 취향을 바꾸거나 새로운 것을 탐색하거나 좀 더 앞으로 나아가려는 우리의 자유는 어떻게 될까요?

'추상성'은 '구체성'의 반대말입니다. 구체적인 것은 만질 수 있거나 감지할 수 있습니다. 쉽게 말해, 우리의 다섯 가지 감각 중 하나로 파악할 수 있는 것은 구체적이라고 합니다.

추상은 인간 정신이 구체적으로 떠올릴 수 없는 관념을 가지고 작업할 때 발휘되는 능력, 다시 말해 관념을 다루거나 구상하는 능력입니다. 우리는 구체적이지 않

은 생각을 추적하고 그 생각을 발전시켜 어떤 개념 혹은 관념을 수립할 수 있습니다. 그리고 인간은 단어와 논리적으로 구성된 문장을 통하여 그 개념들을 다룹니다.

알아볼 수 있는 형상이 나타나 있지 않은 그림, 다시 말해 구체적인 인물이나 사물이 보이지 않는 그림을 '추상화'라고 합니다. 추상화는 풍경이나 인물을 현실의 모습 그대로 그리지 않습니다.

추상 능력은 인간에게만 있습니다. 머릿속으로 예측하고, 예견하고, 상상하고, 놀라워하고, 구체적 현실로 만들 수 있는 계획을 세우는 능력은 인간에게만 있습니다.

스스로 판단하기

추상화와 정반대되는 그림은 어떤 것이라고 생각하나요?

경이는 새로운 것, 전에 알지 못했던 것을 접할 때 느끼는 놀라움입니다. 경이를 느낄 수 있는 사람은 항상 배울 준비가 되어 있습니다. 그의 경이감은 이렇게 해석됩니다. '전에는 몰랐던 새로운 것을 이제 알게 됐어. 내 앎이 조금 더 풍부해졌어.' 경이를 느낄 수 있는 한, 그 사람은 살아 숨쉬며 지능과 호기심을 북돋울 수 있습니다. 아무것도 놀랍지 않다면 그 무엇에도 관심이 없다는 뜻이지요. 그런 사람은 무감각해진 것입니다. 놀라움을 모르는 사람은 모든 걸 포기하고 될 대로 되라고 손을

놓아버린 셈입니다. 세계를, 역동적인 삶을 떠날 준비가 된 사람일지도 모르지요.

경이감은 음식 앞에서 느끼는 식욕에 비유될 수 있습니다. 식욕이 없다는 것은 병이 났거나 삶에 의욕을 잃었다는 신호입니다.

경이감을 느끼는 능력도 연습으로 유지될 수 있습니다. 이 능력을 잃는다는 것은 생기를 잃는 것입니다. 호기심을 간직하세요. 여러분에게 어렵거나 생소해 보이는 것을 이해하려고 노력하세요. 이런저런 방향으로 생각을 해보세요. 에너지를 덜 쓰려면 어떻게 해야 할까? 우리 주위의 생명을 보호하는 방법으로는 무엇이 있을까? 생명다양성, 조류, 곤충류, 개구리와 거북, 초목, 샘물을 지키려면 어떻게 해야 할까?

스스로 판단하기

아리스토텔레스는 "철학은 경이와 함께 시작한다"고 했습니다. 이따금 "왜 그럴까?", "뭘 위해서 그러는 거지?", "이렇게 하면 어때서?"라고 질문을 던져보세요. 평범하고 대수롭지 않았던 것이 새삼 놀랍게 보일 거예요.

상상은 인간의 고유한 속성입니다. 상상력은 세계를 마음속에 이미지로 그려내고 창조하는 능력이지요. 사물을 이미지로 구상하거나 자기 생각을 심상으로 표현할 수 있다는 것은 재능입니다.

작가는 상상력을 발휘해 이야기를 지어냅니다. 그는 실제로 일어나지 않은 일을 이야기할 수 있습니다. 예술가는 상상의 힘을 통하여 창작을 합니다. 예술가는 그림이나 조각상을 만들어낼 수도 있고 자신의 의지에 의해서만 존재하는 상황들을 만들어내기도 합니다.

모두가 할 수 있는 평범한 상상이 있습니다. 예를 들면, 나는 지구의 기온이 높아지면 극지방의 빙하가 녹는다는 것을 상상할 수 있습니다. 그리고 문학, 연극, 영화, 회화, 건축 등의 예술 분야에서 발휘되는 창조적 상상력이 있습니다.

상상한다는 것은 착상하고 구성하고 조합하는 것입니다. 그리고 **겸손한 자세**를 유지하는 것이지요. 창조적 상상이 풍부하다고 해서 자기가 대단한 사람인 것처럼 착각해서는 안 됩니다.

스스로 판단하기

프랑스에서 1968년에 일어난 5월 혁명은 "상상에 권력을!"이라는 구호를 부르짖었습니다. 자, 상상력과 이성을 조합하여 우리가 살아가는 지구를 보호할 방법을 찾아본다면 어떤 것이 있을까요?

✳

겸손

겸손은 자기를 잘난 사람으로 여기지 않는 것입니다. 우리가 아무리 훌륭한 일을 하더라도 잘난 체하거나 우쭐대지 않고 소박한 태도에 머물러야 합니다. 겸손한 사람은 요란스럽지 않으며 자신의 본래 모습이 아닌 것을 내세우지 않습니다. 그는 오히려 자기가 잘한 일을 낮추어 말하고 아예 남들이 모르기를 바라기도 하지요.

겸손은 미덕입니다. 자신이 가졌다고 생각지 않는 도덕적 자질을 자기 것으로 삼지 않겠다는 마음가짐이라고 할까요.

자기가 자기 입으로 "나는 겸손한 사람입니다"라고 하는 것은 말이 안 됩니다. 나의 겸손을 확인할 수 있는 것은 다른 사람들이니까요. '나는 겸손하다'라는 말은 겸손이라는 미덕과 모순됩니다. 겸손은 자기 미덕을 스스로 떠벌리지 않습니다.

위대한 정신을 지닌 학자, 연구자, 천재 들은 대개 매우 겸손했습니다. 그들은 겸손하지 못한 자세에서 가책을 느끼는 사람들이었지요.

잊지 말아야 할 것

위대한 예술가, 철학자, 창작자, 연구자, 의사는 어떻게 알아볼 수 있을까요? 그들의 겸손, 그들의 소박한 태도로 알 수 있습니다. 겸손은 위대함의 한 부분이니까요.

스스로 판단하기

이 문장을 보세요. "겸손한 걸로는 날 따를 사람이 없지."
여러분은 여기서 모순을 발견할 수 있나요?

→ 가책

이 단어(scrupule)의 어원인 라틴어 '스크루풀룸(scrupulum)'은 '작고 뾰족한 돌'을 가리킵니다. 가책은 신발 속에 굴러들어와 걸음을 걷는 동안 거치적거리고 불쾌한 느낌을 주는 자그마한 돌조각 같은 것이지요. 가책은 여러분의 신발 안쪽에 박혀서 여러분을 마음 편하게 내버려두지 않고 자꾸 귀찮게 합니다.

이 자그마한 돌조각은 정신적인 것, 여러분이 했던 행동이 어쩌면 마땅치 않은 것이었을지도 모른다고 알려주고 다시금 돌아보게 하는 생각에 해당합니다. 여러분은 그 돌 때문에 찜찜한 기분이 듭니다. 그 돌이 여러분 자신의 말과 행동, 혹은 핑계삼아 내뱉었던 사소한 거짓말이나 고약한 농담을 새삼 의심하고 돌아보게 하지요.

가책은 우리가 잘못한 일에 대응하고 과오를 바로잡게 합니다.

어떤 대장이 부하가 감당할 능력이 없다는 것을 알면서도 어떤 임무를 맡겼습니다. 하지만 그는 나중에 실수했다는 것을 깨닫고 가책을 느꼈습니다. 또, 어떤 친구에게 폐를 끼치거나 너무 많은 것을 바라지 않으려고 했는데 그 친구의 친절을 악용한 게 아닌가 마음이 찜찜할 수 있지요.

가책은 일종의 정신적 의심, 확신이 없는 상태입니다. 그러나 회한과는 다릅니다. 회한은 부끄러움과 죄책감을 수반하지요.

잊지 말아야 할 것

가책을 느끼는 사람은 편안하게 잠을 이룰 수 없답니다.

스스로 판단하기

회한은 해야만 했던 일을 하지 않았거나 잘못 행동하고 난 후에 끈질기게 남는 괴로운 감정입니다. 사랑하는 사람의 마음을 아프게 했다면 회한이 들 겁니다. 지키지도 못할 약속을 했다든가, 그 사람과 관련된 진실을 숨겼다든가 했다면요.

마늘 중간에는 푸른 싹이 있습니다. 소화가 잘 되지 않는 이 푸른 싹을 먹으면 고약한 냄새가 나지요. 프랑스 요리사들은 이 푸른 싹을 '회한'이라고 부르며 요리 재료를 손질할 때 꼭 제거한답니다.

회한에 빠진 양심은 혼란스러워하고 때때로 심히 괴로워합니다. 서투름이나 경솔함 때문에 저질렀던 잘못이 있다면 시간을 되돌려 바로잡고 싶지요. 그럴 때는 무척 고통스럽지요.

회한이나 가책은 잘 교육받고 자란 사람이라면 누구나 느낄 수 있는 감정입니다. 자신이 받은 교육의 원칙에 뭔가 어긋난 것이 있다고 생각하기 때문에 가책이나 회한이 드는 것이지요. 그래서 회한도 인간의 고유한 속성이랍니다.

가볍게 살기

여기서 말하는 가볍게 살기는 쓸모없는 물건들을 비우면서 산다는 뜻입니다. 언제나, 별의별 것을 다 소비하면서 살아서는 안 됩니다. 우리의 소비 습관을 바꾸면 모두의 삶이 더 나아질 수 있습니다. 예를 들어, 새 옷을 덜 사면 지구를 덜 오염시킬 수 있습니다. 상품을 더 많이 만들기 위해 공장이 맹렬하게 돌아갈수록 대기에는 더 많은 오염 물질이 방류됩니다.

소비를 덜 하려면 유행이나 브랜드의 노예가 되지 않도록 노력해야 합니다. 양질의 물건을 사는 것은 좋지만 단지 유행하는 브랜드 제품이라고 해서 비싼 값을 주고 사는 일은 없어야 할 겁니다.

청소년이 비싼 옷을 입고 다니는 것은 부모가 그런 옷을 사줄 수 있을 만큼 돈이 많다는 과시밖에 되지 않습니다. 나아가 '우리 부모님은 부자니까 내가 너희보다 잘났어' 혹은 '나는 유행을 앞서 가니까 너희보다 잘났어'라는 우월감이 될 수도 있습니다. 광고는 우리의 이런 마음을 자극하려고 합니다. 또래 친구들에게 뒤처지거나 무리에서 소외되는 기분이 들지 않으려고 친구들이 많이 입는 브랜드를 찾아 입기도 하지요.

가볍게 살기는 삶을 긍정적으로 바라보는 것이기도 합니다. 가볍게 넘어갈 일에 요란을 떨거나 중요하지 않은 일에 힘을 빼지 마세요. **게으름**을 부리라는 말이 아닙니다. 가벼움은 무거움의 반대이지요. 무거운 것은 짐스럽고 거추장스럽습니다.

그렇지만 가볍다는 것은 상황의 심각함을 고려하지 않고 경박하게 군다는 의미가 될 수도 있습니다. 우리는 가볍게 살되 진지해야 할 때는 진지할 줄도 알아야겠지요.

스스로 판단하기

다락방이나 창고에 쌓아놓기만 하고 쓰지 않는 물건들을 처분하세요.
아직 상태가 괜찮지만 여러분은 더 이상 쓰지 않는 장난감, 옷, 신발 등을 다른 사람들에게
나눠주세요. 여러분의 방을 정리하세요. 필요 없는 것을 치우고 나서
더 살기 좋은 방이 되지 않았나 생각해 보세요.

→ 게으름

우리는 모두 게으를 권리가 있습니다. 1880년에 폴 라파르그는 『게으름의 권리』라는 책을 출간했습니다. 그는 노동자들을 장시간 부려먹고 착취하는 사용자들을 고발하는 뜻에서 그러한 책을 썼지요. 폴 라파르그는 노동자들이 노예와 같은 삶을 살지 않도록 노동시간을 단축해야 한다고 주장했습니다. 오늘날 프랑스의 법정 노

동시간은 주 35시간을 넘지 못하게 되어 있습니다.

게으름은 감미로운 것입니다. 세상에서 물러나 자기 마음대로 휴식을 취하는 것이지요.

허구한 날 게으름만 부릴 수는 없습니다. 그랬다가는 사회가 돌아가지 않겠지요. 아무도 일을 하지 않는다면 삶은 불가능할 겁니다.

게으름은 몸과 마음의 힘을 빼는 것입니다. 건강을 유지하고 효율적으로 일하거나 활동하기 위해서, 스스로 쓸모있는 존재라고 느끼기 위해서 적당한 휴식이 꼭 필요합니다.

게으름은 멈춤, 자기만의 시간이 되어야 합니다.

학교에서는 학생들에게 너무 쉽게 '게으르다'라는 판단을 내리곤 합니다. 하지만 실은 게으른 것이 아니라 공부에 의욕이 없거나 자신감이 부족한 것이지요. 그러한 학생은 뭔가를 잘 해내지 못하는 경험이 반복될수록 노력해봤자 소용없다는 생각을 갖게 됩니다. 자신이 너무 모자라고 공부가 뒤처져서 이제 어쩔 수 없다고 단념해버리지요.

그래도 교사가 특별히 마음을 쓰면 그런 학생이 게으름 아닌 게으름에서 벗어나 눈부신 성장을 보이기도 합니다. 게으름처럼 보이는 상태가 장차 우리 사회의 시민으로 성장할 학생의 발달을 방해하고 있었던 것이지요.

20분 정도 낮잠을 자볼까요. 그러고 나서 기분이 얼마나 개운해졌는지 스스로 살펴보세요.
피곤한데도 악착같이 일이나 공부에 매달리지 마세요.
할 수 있다는 생각으로 자기 자신을 너무 힘들게 하지 마세요.
피곤을 무릅쓰고 억지로 하는 일은 결과가 좋지 않을 때가 많답니다.

물은 철학적 개념이 아닙니다. 그렇지만 생명의 근본 요소이기 때문에 여기서 짚고 넘어갈 필요가 있습니다. 지혜와 지식에 대한 사랑, 즉 철학은 우리가 지구의 물에 마음 쓰기를 바랍니다. 우리가 마시는 물에 대해서, 지구를 뒤덮고 있는 바다의 상태에 대해서 말이지요.

넬슨 만델라(1918-2013), 한때 세계에서 가장 유명한 죄수였고 석방 후에는 남아프리카공화국 최초의 흑인 대통령이 되었던 그는 이런 말을 했습니다. "물은 인간의 기본권입니다." 만델라는 또 "물이 민주주의입니다"라는 말도 했지요.

우리는 물이 얼마나 중요한지 실감하지 못할 때가 많지요. 마음껏 욕조에 물을 받아 몸을 담그고, 이를 닦는 동안 수돗물을 계속 틀어놓기도 합니다. 일부 건조한 지역을 제외하면 대개 물 부족을 경험한 적이 없기 때문에 물을 낭비하면서도 아무 생각이 없지요. 하지만 기후변화로 인하여 이상고온과 사막화가 심각해지고 있습니다. 특히 아프리카와 걸프만 일대에서 이러한 현상이 두드러집니다.

이 지역 나라들은 물 부족으로 고통을 겪고 있습니다.

말리 북부에는 메나카라는 마을이 있습니다. 이 마을에는 물이 황금만큼 귀합니다. 물이 없으면 가축이 죽습니다. 물이 없으면 인간도 죽습니다. 음식을 먹지 않고는 수십 일까지도 생존할 수 있지만 수분을 섭취하지 않고는 오래 버티지 못합니다.

환경을 보호하기 위해 물을 아낍시다.

잊지 말아야 할 것

물은 아주 귀합니다. 미래에 전쟁이 일어난다면 그건 물을 차지하려는 싸움일지도 모릅니다.

물을 절대로 더럽히거나 낭비하지 마세요. 그리고 다른 사람들도 물을 소중히 여길 수 있도록 가르쳐주고 도와주세요.

스스로 판단하기

미국인 한 명이 평균적으로 하루에 사용하는 물이 600리터라고 합니다.
그렇지만 건조한 지역에 사는 아프리카인은 평균적으로 하루에 10리터의 물을 씁니다.
이러한 불균형이 왜 발생했을까요? 여러분의 생각을 말해보세요.

환경

환경은 우리가 살아가는 공간입니다. 여러분의 방, 동네 공원, 도시와 가까운 녹지와 숲, 이 모든 것이 환경입니다. 그러한 공간은 우리 일상의 한 부분입니다. 우리는 환경을 보존하고 보호해야 합니다. 우리 삶의 공간, 우리를 둘러싼 공간, 우리를 살게 하는 공간, 우리가 '자연'이라고 부르는 나무, 식물, 물, 그 모든 것 말이에요.

우리가 오랫동안 환경을 돌보지 않았기 때문에 지구는 병이 들었습니다. 우리가 굳이 필요하지도 않은 것들을 너무 많이 소비했기 때문에 대기는 심하게 오염되었습니다. 플라스틱 장난감, 대량 생산되는 의류, 갖가지 기발한 상품을 많이 소비할수록 이런 상품을 만들어내는 공장은 더 많은 오염 물질을 대기에 방출합니다.

우리는 지구를 더럽히고, 더러운 공기를 들이마시며 질병에 걸리곤 합니다(물론, 우리 눈으로는 깨끗한 공기와 더러운 공기가 잘 구분되지 않습니다). 우리의 폐는 더러운 공기를 마시면 더러워집니다. 미세먼지, 다시 말해 아주 작고 해로운 입자들이 공기 중에 떠 있다가 우리 몸에 들어와 건강을 해치는 것이지요. 미세먼지를 마시면 재채기가 나고 호흡기와 관련된 질병에 걸리기 쉽습니다. 그 밖에도 구역질이나 두통 같은 이상 반응이 나타나기도 합니다.

플라스틱은 자연의 적입니다. 플라스틱은 저절로 썩어서 분해되지 않거든요. 불에 태우든, 녹여서 액체로 만들든, 빻아서 가루로 만들든, 그 입자는 사라지지 않습니다. 바다에는 플라스틱 쓰레기가 너무 많이 떠돌고 있고 물고기를 비롯한 해양 생

물들이 이 플라스틱을 삼켜서 탈이 납니다. 2050년이 되면 바다에 물고기보다 플라스틱이 더 많을지도 모르는 실정입니다.

실제로 과학자들은 태평양에 거대한 플라스틱 섬이 형성된 것을 관찰했습니다. 그 섬의 면적이 프랑스 영토의 3배 크기라니 '제7의 대륙'이라는 말이 나올 만도 하지요!

플라스틱 제품의 소비를 줄여야 합니다. 가령, 장난감을 사더라도 나무나 점토로 만든 것을 고를 수 있겠지요. 의류를 재활용하고 상품의 포장을 가급적 줄여야 합니다.

우리의 습관을 바꿔야 합니다. 먼 곳에서 수입한 농산물보다는 우리 땅에서 제철에 나는 채소와 과일을 먹읍시다. 지역 농산물을 먹는 것이 환경에도 도움이 됩니다. 농산물을 먼 곳까지 이동시키지 않아도 되니까 공해가 덜 발생하지요.

과학자들이 계산한 바로, 전 세계 사람들이 유럽인처럼 먹고 마시고 상품을 소비하려면 지구가 두 개는 있어야 한다고 합니다. 인류를 먹여 살리려면 또 하나의 지구가 필요할 거라나요.

미국인은 세계에서 소비를 가장 많이 하는 사람들입니다. 전 세계 사람들이 뉴욕이나 시카고에 사는 사람처럼 먹고 마시고 상품을 소비하려면 지구가 다섯 개는 있어야 한다는군요.

자연은 우리가 살아갈 수 있도록 참으로 귀한 도움을 주고 있습니다. 나무는 공장과 자동차가 뿜어내는 탄소의 일부를 흡수하고 우리에게 산소를 공급합니다.

비가 내리지 않으면, 깨끗한 물이 흐르는 강이 없다면, 인간은 차츰 멸종하고 말 겠지요. 인간은 자연과 그곳에서 살아가는 생명체들의 균형을, 이른바 '생태계'의 균형을 깨뜨렸습니다. 이미 너무 많은 동물과 식물이 지구에서 사라졌습니다. 여섯 번째 대멸종은 벌써 시작됐는지도 모릅니다.

그러므로 사랑하는 사람을 존중하고 보호하는 바로 그 마음으로, 우리는 자연환경을 존중하고 보호해야 합니다.

잊지 말아야 할 것

환경은 우리의 일부입니다. 환경은 우리를 둘러싸고 우리를 먹여 살립니다. 환경을 돌보는 것이 우리의 건강과 행복을 돌보는 일입니다. 농약이나 플라스틱은 환경에도 나쁘고 우리 자신에게도 나쁩니다. 벌레를 없애기 위해 과일이나 채소에 뿌리는 농약이 세척 후에도 완전히 제거되지 않고 우리 몸속에까지 들어오곤 하지요. 농약으로 가장 먼저 피해를 입는 사람은 다름 아닌 농부입니다. 그들은 농약이라는 화학 제품을 직접 다루는 사람들이니까요.

환경 존중은 우리의 생명과 직결된 문제입니다.

✳